Rathjen · Blake Borrow O'Brien

Friedhelm Rathjen

Blake Borrow O'Brien

Zwei Quellenstudien zu Arno Schmidts Erzählung „Die Wasserstraße"

2018

Die hier versammelten Studien wurden folgenden Bänden entnommen:

Friedhelm Rathjen: *Inselwärts. Arno Schmidt und die Literaturen der britischen Inseln* (Edition ReJoyce, Bd. 20/21/22/23)

Friedhelm Rathjen: *Bargfeld Transfer. Studien zu Arno Schmidt als Übersetzer und Transformator* (Edition ReJoyce, Bd. 30)

rejoyce pocket
rjp 4

Bibliografische Information der Deutschen Bibliothek:

Die Deutsche Bibliothek verzeichnet diese Publikation in der Deutschen Nationalbibliografie; detaillierte bibliografische Daten sind im Internet über <http://dnb.ddb.de> abrufbar.

EDITION ReJOYCE Südwesthörn 2018
in Kooperation mit der Edition RathJen Westerholz (Nds.)
rejoyce@gmx.de
Satz, Titelfoto und Umschlaggestaltung: Friedhelm Rathjen
Herstellung: Books on Demand GmbH, Norderstedt
ISBN 978-3-947261-06-2

Inhalt

Mit Blake und Borrow von Bargfeld nach Blickwedel 7
Zum Zitatismus in Arno Schmidts „Wasserstraße“

Gelassenes Wasser 91
Arno Schmidt als Nichtübersetzer von Flann O’Brien

Nachweise 120

Mit Blake und Borrow von Bargfeld nach Blickwedel
Zum Zitatismus in Arno Schmidts „Wasserstraße“

Im folgenden möchte ich – zusammen mit Franz, Felix, Ruth und Hel – viermal Arno Schmidts „Wasserstraße“ abschreiten: zweimal auf der Suche nach den (englischsprachigen) Quellen, einmal mit Blick auf Blake, einmal um zu sehen, was Schmidt sich von George Borrow geborgt hat. Anschließend werde ich versuchen, nach den Gründen dafür zu fahnden, warum Schmidt gerade in dieser Erzählung genau diese Quellen verwendet.

1: Quellen

Mindestens neunzehn Textstellen der „Wasserstraße“ lassen sich eindeutig auf englischsprachige Quellen zurückführen; wenn wir diese Quellen gesichert haben, können wir zudem versuchen, mit ihrer Hilfe Textdetails zu erhellen, die nicht so eindeutig darauf bezogen sind.

1.1: Sichere Quellen

Gleich der Anfang von Schmidts Erzählung ist ein leicht frisiertes Zitat: „Nicht, daß ich meinen Vater nicht gekannt hätte: die Hälfte von ihm, die untere Hälfte, hab’ ich peinlich gut gekannt – sie roch mir fast immer zu stark.“ (425)[1] Schmidt zitiert hier die Eingangsformulierung von Flann O’Briens Roman *The Hard Life*: „It is not that I half knew my mother. I knew half of her: the lower half – her

[1] Zur Entlastung der Fußnoten zitierte ich durch parenthetische Seitenangaben im Text aus Arno Schmidt, „Die Wasserstraße“, in Bargfelder Ausgabe, Bd. I/3 (Zürich: Haffmans 1987), S. 423-454.

lap, legs, feet, her hands and wrists as she bent forward."[2] *The Hard Life* beginnt mit einem Umzug, nach dem Tode der Mutter wird der Erzähler mit seinem Bruder zum Onkel umgesiedelt, der an einem Dubliner Kanal wohnt, und im weiteren Verlauf geht es vornehmlich um das Verkosten von Alkohol, das Kurieren diverser Leiden durch eine Geheimtinktur namens ‚The Gravid Water' und die Einrichtung öffentlicher Damentoiletten – am meisten auf Schmidts Erzählung abgefärbt hat neben der Eingangsformulierung aber fraglos der vorübergehende Muttterersatz, nämlich eine Bohnenstange namens Miss Annie, „a streel of a girl with long lank fair hair"[3]: aus ihr macht Schmidt seine hochgewachsene Hel. Die wichtigste Differenz zwischen den Erzählanfängen bei O'Brien und Schmidt ist natürlich der Geschlechtswechsel: aus O'Briens Mutter- macht Schmidt eine Vaterfigur. Entsprechend instabil sind in Schmidts Erzählung dann durchgängig die Geschlechtszuordnungen. Wie Irmgard Roebling festgestellt hat, scheint Hels Körper „nur aus phallischen Merkmalen zu bestehen"[4], andererseits

---

2 Flann O'Brien, *The Hard Life. An Exegesis of Squalor* (Normal, IL: Dalkey Archive Press 1994), S. 3. – Dieser Roman erschien im Original 1961, die Übersetzung von Annemarie Böll und Heinrich Böll aber erst 1966, lange nach Abfassung der „Wasserstraße", und zwar im Nannen-Verlag, für den auch Schmidt zeitweise übersetzte. Meine darauf gegründete Vermutung, Schmidt habe O'Briens Roman zur Übersetzung angeboten bekommen, bestätigt mir Susanne Fischer von der „Arno Schmidt Stiftung": Nannen bot Schmidt das Buch am 11. Dezember 1962 an, Schmidt willigte bereits sechs Tage später ein, doch das Projekt scheiterte dann an der Honorarfrage. Schmidt schrieb „Die Wasserstraße" im Januar 1963. Fast gleichzeitig bekam Schmidt das Angebot, *Pale Fire* von Vladimir Nabokov zu übersetzen, auch daraus wurde leider nichts.

3 O'Brien, *The Hard Life, a.a.O.*, S. 4.

4 Irmgard Roebling, „Totentanz ans andere Ufer. Ich-Erfahrung versus Poetologie in Arno Schmidts Erzählung *Die Wasserstraße*", in Bärbel Götz / Ortrud Gutjahr / Irmgard Roebling (Hg.), *Ver-*

erkennt sie in der Erzählung eine „Dekonstruktion des Väterlichen“[5]; es ist schwer zu übersehen, daß die Quelle, zu der die Wasserwanderung als ‚Gang zu den Müttern‘ führt, die weibliche Urogenitalsphäre ist, doch demgemäß müßten eigentlich die Männer im Fluß marschieren – das tun sie nicht, sondern es tun die Frauen; dementsprechend wird am Ende statt der erhofften (sichtlich weiblichen) „*Perlmuscheln*“ (439) eine (unübersehbar männliche) Baumwurzel gefunden, die als „Roche“ (449) bezeichnet wird und damit auf den Vater, dessen untere Hälfte zu stark „roch“, zurückverweist.[6] Mit solchen Umpolungen zwischen Männlichem und Weiblichem müssen wir in der „Wasserstraße“ immer rechnen, und zwar auch beim Rückgriff auf fremde Textquellen.

Zu den männlichen Attributen Hels zählt zweifellos die Körpergröße, die sie von ihrem Vater geerbt hat: „der war auch ‹six feet eleven›“ (425). Auch diese Größenangabe ist Zitat, und zwar aus *The Romany Rye* von George Borrow, wo ein als „Long-stocking“ verulkter Ungar und ein als „short-tempered person“ bezeichneter Jockey zusam-

---

schwiegenes Ich. Vom Un-Ausdrücklichen in autobiographischen Texten (Pfaffenweiler: Centaurus-Verlagsgesellschaft 1993), S. 147-166, hier S. 159.

5 Ebd., S. 157.

6 Auf den Rochen als Ersatzfund für die Perlmuschel verwies als erste Brigitte Degener, „Arno Schmidt: Die Wasserstraße“, in *Bargfelder Bote*, Lfg. 10 / Januar 1975, S. [3]-[23], hier S. [13]; auf den Zusammenhang zwischen dem riechendem Vater und dem Rochen machen aufmerksam: Lenz Prütting, „Postskript“ [zu Wolfgang Meurers Aufsatz Arno Schmidt: Die Wasserstraße], in *Bargfelder Bote*, Lfg. 53 / Mai 1981, S. 14-16, hier S. 14; Kurt Jauslin, „Holbeins Bein. Traktat über das Verschwinden des Autors in den Wortwelten unter Berufung auf die Herren Arno Schmidt, Jean Paul und Laurence Sterne“, in ders. (Hg.), *Zettelkasten 7. Jahrbuch der Gesellschaft der Arno-Schmidt-Leser 1989* (Frankfurt a.M.: Bangert & Metzler 1989), S. 166-244, hier S. 171.

men Champagner trinken. Der Ungar lobt den ungebildeten Jockey für seinen Scharfsinn: „By Isten! there is more learning in what he has just said than in all the verdammt English histories of Thor and Tzernebock I ever read." Darauf entgegnet der Jockey: „I care nothing for his learning [...] I consider myself as good a man as he, for all his learning; so stand out of the way, Mr. Sixfooteleven, or –"[7]

Ein drittes Zitat entdecken wir zu Beginn des zweiten Textabschnitts: „Und tasteten uns doch tatsächlich ab, die TAMPAX=Typen! Ja, ‹klopften›, mit sinistrer Dexterität." (429) Die „sinister dexterity"[8] ist eigentlich ein Zitat aus Herman Melvilles Seeroman *Billy Budd*, also auch einem Wassertext, doch vermutlich hat Schmidt das gar nicht gewußt: er entnimmt den Ausdruck einer Passage aus *Finnegans Wake* von James Joyce, wo vier alte Männer zuschauen, wie eine als „dinkum belle" und „Isolamisola" bezeichnete Schöne von einem gälischen Recken „with his sinister dexterity" verführt wird: „Wulf! Wulf! And throwing his tongue in the snakepit. Ah ho!"[9] Die Paarung von Wolf und Schlangengrube können wir uns schon einmal merken.

Anfangs des dritten Textabschnitts der „Wasserstraße" kommt noch eine vierte Quelle ins Spiel, nämlich in „windows into Eden, mazes of delight" (430). In William Blakes Dichtung *Vala* oder *The Four Zoas* heißt es in einem Abschnitt der ersten von neun Nächten:

---

7 George Borrow, *The Romany Rye* (London / New York: Dent / Dutton 1969), S. 264 (Kap. 42).

8 Hermann Melville, *Billy Budd (An inside narrative)*, in ders., *Billy Budd, Sailor and other stories* (London / Vermont: Dent / Tuttle 1993), S. 1-77, hier S. 8 (Kap. 1). – Billy Budd heuert auf einem Schiff namens „Bellipotent" an.

9 James Joyce, *Finnegans Wake* (London: Faber 1939), S. 384.

Then Eno, a daughter of Beulah, took a Moment of Time
And drew it out to seven thousand years with much care & affliction
And many tears, & in every year made windows into Eden.
She also took an atom of space & open'd its centre
Into Infinitude & ornamented it with wondrous art.
Astonish'd sat her sisters of Beulah to see her soft affection
To Enion & her children, & they ponder'd these things wond'ring,
And they Alternate kept watch over the Youthful terrors.
They saw not yet the Hand Divine, for it was not yet reveal'd,
But they went on in silent Hope & Feminine repose.

But Los & Enitharmon delighted in the Moony spaces of *Eno*,
Nine Times they liv'd among the forests, feeding on sweet fruits,
And nine bright Spaces wander'd, weaving mazes of delight,
Snaring the wild Goats for their milk, they eat the flesh of Lambs:
A male & female, naked & ruddy as the pride of summer.[10]

[10] William Blake, *Vala, or The Four Zoas*, in Geoffrey Keynes (Hg.), *Poetry and Prose of William Blake*, The Centenary Edition (Bloomsbury: The Nonesuch Press 1927), S. 277-463, hier S. 286 f. – Schmidt besaß ab Weihnachten 1962 einen abweichend paginierten Nachdruck dieser Edition.

Auf mehrere Details dieser Stelle werden wir noch zu sprechen kommen; vorerst sei angesichts der hier auftauchenden Neunzahl nur darauf verwiesen, daß Schmidts „Wasserstraße“ ebenfalls in neun Teilen angeordnet ist.

Im fünften Textteil bezeichnet Schmidts Erzähler sich als „bitter & sex=starved“ (437). Diesen Ausdruck kannte Schmidt aus Richard Ellmanns Joyce-Biographie. Nachdem die Joyce-Tochter Lucia von Samuel Beckett abgewiesen wird und es zu Vorfällen kommt, die allgemein als Anzeichen einer Schizophrenie gedeutet werden, versucht die ganze Familie, Lucia zu verkuppeln. Bei Ellmann lesen wir dazu: „Lucia herself put the matter more baldly to William Bird, ‘Mr. Bird, the trouble with me is that I’m sex-starved.’ ‘That’s rot, Lucia. What have you been reading?’ he replied, and Nora broke up the conversation.“[11] Bei dieser Szene sind also Mutter und Tochter Joyce anwesend, vermutlich auch Lucias Vater James, dazu ein Freund der Familie: das ist die Konstellation auch der „Wasserstraße“, was schwerlich Zufall sein dürfte.

Das im sechsten Abschnitt der „Wasserstraße“ zu findende „fair ißt fowl & foul ißt fair“ (440) ist sicherlich das offenste englischsprachige Zitat der Erzählung; Brigitte Degener hat schon in ihrem frühen Forschungsbeitrag darauf hingewiesen, daß es aus Shakespeares Drama *Macbeth* stammt[12]:

---

[11] Richard Ellmann, *James Joyce* (New York: Oxford University Press 1959), S. 662. – Der früheste Druckbeleg, den das *Oxford English Dictionary* für das Adjektiv „sex-starved“ angibt, ist ein Essay Aldous Huxleys von 1927. Damit wäre womöglich Birds Frage an Lucia Joyce („What have you been reading?“) zu beantworten, doch als Quelle für Schmidts Kenntnis des Ausdrucks kommt Huxley schwerlich in Frage.

[12] Degener, „Arno Schmidt: Die Wasserstraße“, a.a.O., S. [22].

FIRST WITCH. When shall we three meet again?
  In thunder, lightning, or in rain?
SECOND WITCH. When the hurlyburly's done,
  When the battle's lost and won.
THIRD WITCH. That will be ere the set of sun.
FIRST WITCH. Where the place?
SECOND WITCH. Upon the heath.
THIRD WITCH. There to meet with Macbeth.
FIRST WITCH. I come, Graymalkin.
ALL. Paddock calls. Anon!
  Fair is foul, and foul is fair.
  Hover through the fog and filthy air.[13]

In einer ganz anderen Kunstsparte findet sich die Quelle für das eine halbe Textseite später zitierte „he just keeps Rohling a long" (441) des Traktors: es handelt sich um eine Refrainzeile aus dem klassischen Wasserstraßenlied „Ol' Man River" von Jerome Kern und Oscar Hammerstein, das eigentlich den Mississippi und nicht das Schmalwasser besingt[14] – vielleicht ist der Traktor deswegen so „überferne, subleise"? Das Lied unterstreicht insofern das untergründige Vergänglichkeitsmotiv von Schmidts Erzählung, als es darin von dem Fluß heißt: „He don't plant cotton, An' dem dat plant 'em Is soon forgotten".[15]

---

[13] William Shakespeare, *Macbeth*, Act I, Scene I (dies ist die komplette Szene; die Bühnenanweisung lautet: „A desert place. Thunder and lightning. / Enter three Witches.").

[14] Zitatnachweis zuerst von Friedhelm Rathjen, „Fluß des Alten Mannes. Trivia Zetteliana: Titel / Ende", in *Bargfelder Bote*. Lfg. 137 / April 1989, S. 9-13, hier S. 11.

[15] Jerome Kern / Oscar Hammerstein, „Ol' Man River", zitiert nach Roland Burmeister, *Die MusikStellen bei Arno Schmidt. Chronologisches Stellenverzeichnis zum Gesamtwerk von Arno Schmidt mit Erläuterungen & Kommentaren* (Darmstadt: Häusser 1991), S. 126.

Dieses Vergänglichkeitsmotiv wird vom nächsten englischsprachigen Zitat in der „Wasserstraße" aufgegriffen. Das „revolving many mem'ries" (442) zitiert nämlich die Schlußzeilen von Tennysons „The Passing of Arthur":

> Long stood Sir Bedivere
> Revolving many memories, till the hull
> Look'd one black dot against the verge of dawn,
> And on the mere the wailing died away.[16]

In die „Wasserstraße" paßt dieses Gedicht besonders gut hinein, weil der sterbende Arthur sich in ein Boot legen und aufs Wasser hinaustreiben läßt; zudem führt die Vokabel „wailing" auf eine Weise in die „Wasserstraße", über die noch zu sprechen sein wird, und im übrigen erwähnt Tennyson an prononcierter Stelle seines Gedichts eine besonders große Frau, die als solche Vorbildcharakter für Schmidts Hel hat:

> So to the barge they came. There those three Queens
> Put forth their hands, and took the King, and wept.
> But she, that rose the tallest of them all
> And fairest, laid his head upon her lap[17]

Der siebte Textabschnitt der „Wasserstraße" beginnt wiederum mit einem Zitat: „‹No hay atajo sin trabajo.› –" (445) Das ist natürlich keine englisch-, sondern eine spanischsprachige Wendung, dennoch gehört sie zu unserem Thema: Schmidt entnahm sie nämlich der Reisebeschrei-

---

[16] Alfred Lord Tennyson, „The Passing of Arthur", in Friedhelm Rathjen (Hg.), *Music at Night. Arno Schmidt's Garden of Verses* (Scheeßel: Edition ReJoyce 2004), S. 102-108, hier S. 108 (Z. 269-272). – Schmidt kannte das Gedicht aus einer Schulanthologie: Dr. Ph. Aronstein (Hg.), *Selections from English Poetry. Auswahl englischer Dichtungen*, 66.-75. Tausend (Bielefeld: Velhagen & Klasing 1922), S. 158-165.

[17] Ebd., S. 107 (Z. 205-208).

bung *Wild Wales* von George Borrow. Am Anfang von Kapitel 47 kommentiert Borrow, der sich auf die Wegbeschreibung einer Temperenzlerin verlassen, dabei aber die versprochene Abkürzung verfehlt hat, dieses Erlebnis folgendermaßen:

> The Spaniards have a proverb: "No hay atajo sin trabajo," there is no short cut without a deal of labour. This proverb is very true, as I know by my own experience, for I never took a short cut in my life, and I have taken many in my wanderings, without falling down, getting into a slough, or losing my way. On the present occasion I lost my way, and wandered about for nearly two hours amidst rocks, thickets, and precipices, without being able to find it. The temperance woman, however, spoke nothing but the truth, when she said I should see some fine scenery.[18]

Dies ist das erste von mehreren unzweifelhaften Borrow-Zitaten, die den siebten „Wasserstraßen"-Abschnitt durchziehen. „Na; tobäffl de ihwl tschaans –" (445) schenkt der Erzähler Franz seinem Freund Felix einen Schluck ein und verknüpft Schmidts Text auf diese Weise mit einer längeren Binnenerzählung in Borrows autobiographischem Roman *Lavengro*, in der die diversen Zwangshandlungen eines psychisch offenbar angegriffenen Schriftstellers beschrieben werden. Zu diesen Zwangshandlungen zählt ein Berührungszwang: den Mann treibt es dazu, Bäume und Gegenstände anzufassen, um Unglück abzuwenden; besonders stark ist dieser Drang, wenn ihm das Selbstvertrauen in seine Schreibfähigkeit abhanden zu kommen droht:

---

[18] George Borrow, *Wild Wales. The People, Language & Scenery* (London / New York: Dent / Dutton 1906), S. 273.

It has been said that love makes us blind to the faults of the loved object – common love does, perhaps – the love of a father to his child, or that of a lover to his mistress, but not the inordinate love of an author to his works, at least not the love which one like myself bears to his works: to be brief, I discovered a thousand faults in my work, which neither public nor critics discovered. However, I was beginning to get over this misery, and to forgive my work all its imperfections, when [...] I [...] commenced touching the objects around me, in order to baffle the evil chance, as you call it; it was neither more nor less than a doubt of the legality of my claim to the thoughts, expressions, and situations contained in the book; that is, to all that constituted the book.[19]

My sensibility on the subject of my writings is so great, that sometimes a chance word is sufficient to unman me, I apply it to them in a superstitious sense; for example, when you said some time ago that the dark hour was coming on, I applied it to my works – it appeared to bode them evil fortune; you saw how I touched, it was to baffle the evil chance; but I do not confine myself to touching when the fear of the evil chance is upon me. [...] If I touch various objects, and

---

[19] George Borrow, *Lavengro* (London / New York: Dent / Dutton 1961), S. 332 (Kap. 66). – Es existiert auch eine deutsche Fassung von *Lavengro*, vor der freilich ausdrücklich gewarnt werden muß. Sie ist nicht nur sprachlich für unsere Zwecke unbrauchbar, sondern zudem so heftig und ungeschickt gekürzt, daß viele wichtige Episoden fehlen und in anderen Details unverständlich bleiben; statt der einhundert Kapitel des Originals enthält die deutsche Fassung nur 62, von denen zehn zudem aus dem Nachfolgeroman *The Romany Rye* stammen. Vgl. George Borrow, *Lavengro*, üb. v. Fritz Güttinger (Zürich: Manesse 1959; Nachdruck Zürich: Haffmans 1987).

> ride into miry places, it is to baffle any mischance befalling me as an author, to prevent my books getting into disrepute; in nine cases out of ten to prevent any expressions, thoughts, or situations in any work which I am writing from resembling the thoughts, expressions, and situations of other authors, for my great wish, as I told you before, is to be original.[20]

Borrows Erzähler, der bei diesem Mann zu Gast ist, träumt schließlich, er selbst sei dieser Mann, „And, when I got into retired places, I touched various objects in order to baffle the evil chance."[21] George Borrow selbst hat übrigens diese Episode um einen Mann, der Angst davor hat, seine Originalität einzubüßen, gegen Kritiker mit dem Argument verteidigt, es handele sich um einen originären, zuvor noch nie abgehandelten Stoff:

> The book [*Lavengro*] has the merit of communicating a fact connected with physiology, which in all the pages of the multitude of books was never previously mentioned – the mysterious practice of touching objects to baffle the evil chance. The miserable detractor will, of course, instantly begin to rave about such a habit being common: well and good; but was it ever before described in print, or all connected with it dissected?[22]

Wenige Zeilen weiter im Text der „Wasserstraße" lesen wir: „»Ash, when green, is fire for a queen«" (445). Auch das ist ein Zitat aus *Lavengro*. In Kapitel 95 lernt der

---

[20] Borrow, *Lavengro*, a.a.O., S. 334 (Kap. 66). – Ironischerweise verarbeitet Schmidt, der virtuose Recycler, hier Formulierungen eines zwangsneurotischen (fiktionalen) Schriftstellers, der irreale Angst davor hat, fremde Formulierungen zu gebrauchen.

[21] Ebd., S. 336 (Kap. 67).

[22] Borrow, *The Romany Rye*, a.a.O., S. 370 (Appendix, Kap. 9).

Titelheld eine gewisse Isopel Berners kennen, die er „Belle“ nennt und die ein Lied erwähnt, das sie einst im Armenhaus (sie nennt es neutraler „the great house“) von einer alten Frau gehört hat: „Ash, when green, / Is fire for a queen.“ Der Erzähler kann sich nicht enthalten, daraufhin zu schmeicheln: „And on fairer form of queen ash fire never shone [...] than on thine, O beauteous queen of the dingle.“[23] (Ein „dingle“ ist eine Waldschlucht, ein bewaldeter Talgrund: darin lebt Lavengro eine Weile mit Isopel.)

Der Ortsname „‹Inverlochy›“ (446) stammt aus der von Schmidt in „Caliban über Setebos“ zitierten Zeile „‹se wår peip änd Penon ar ät Inver=Lochy›“[24] und diese wiederum aus Walter Scotts Gedicht „Gathering Song of Donald the Black“ (oder gälisch „Pibroch of Donuil Dhu“). Der Zusammenhang mit der „Wasserstraße“ leuchtet, wenn wir von dem offensichtlichen pornographischen Kalauer absehen, nicht unmittelbar ein; für spätere Zwecke könnte aber die von Schmidt nicht zitierte Schlußzeile des Scott-Gedichts von Belang sein: „Knell for the onset!“[25]

Das „‹The Man who Touched›“ (446) wenige Zeilen weiter bezieht sich wiederum auf jene Schriftstellerfigur in Borrows *Lavengro*, die an Berührungszwang leidet.[26] In seinem Versuch, *Lavengro* gegen seine Kritiker zu verteidigen, verweist Borrow im Anhang zum Nachfolgebuch *The Romany Rye* auf „the tale of the gentleman who

---

[23] Borrow, *Lavengro*, a.a.O., S. 503.

[24] Arno Schmidt, „Caliban über Setebos“, in Bargfelder Ausgabe, Bd. I/3, a.a.O., S. 475-538, hier S. 498.

[25] Sir Walter Scott, „Gathering Song of Donald the Black“, in Rathjen (Hg.), *Music at Night*, a.a.O., S. 41-42, hier S. 42 (Z. 40). – Schmidt kannte auch dieses Gedicht aus der Anthologie von Aronstein (Hg.), *Selections from English Poetry*, a.a.O., S. 79 f.

[26] Für diesen Hinweis danke ich Claude Riehl: damit setzte er mich auf die Fährte der Borrow-Zitate.

touched objects“[27]. Die in der „Wasserstraße“ auftauchende genaue Formulierung stammt allerdings nicht direkt von Borrow, sondern aus dem Borrow-Artikel der *Encyclopaedia Britannica*, dessen Verfasser die autobiographische Signifikanz der zwangsneurotischen Schriftstellerfigur hervorhebt:

> It must not be supposed, however, that such a character as the man who "touched" to avert the evil chance is in any sense a portrait of an individual with whom he [= Borrow] had been brought into contact. The character has so many of Borrow's own eccentricities that it might rather be called a portrait of himself.[28]

Arno Schmidt hielt die *Encyclopaedia Britannica* bekanntlich für das ‚Buch der Bücher‘ und informierte sich aus der 1926er Ausgabe, die er seit Februar 1960[29] besaß, habituell über Themen, in die er sich neu einarbeitete – und ein solches ist George Borrow zur Zeit der Niederschrift der „Wasserstraße“ gewesen.

Das „‹Phoebus, what a word!›“ (447) der nächsten Seite ist ursprünglich ein Byron-Zitat: es entstammt dem polemischen Langgedicht „English Bards and Scotch Reviewers“, mit dem sich Byron unter anderem gegen

---

[27] Borrow, *The Romany Rye*, a.a.O., S. 318 (Appendix, Kap. 1).

[28] T. W.-D. [= Theodore Watts-Dunton], „Borrow, George Henry (1803-1881)“, in *The Encyclopaedia Britannica. A Dictionary of Arts, Sciences, Literature and General Information* (New York / London: The Encyclopaedia Britannica Company [11]1911), Bd. 4, S. 275 f., hier S. 276.

[29] Alle Angaben zu Schmidts Bücherbestand und den Erwerbsdaten nach Dieter Gätjens, *Die Bibliothek Arno Schmidts. Ein kommentiertes Verzeichnis seiner Bücher* (Zürich: Haffmans 1991), neue Ausgabe, durchgesehen und erweitert von Günter Jürgensmeier (Bargfeld: Arno Schmidt Stiftung 2003 / im Internet: www.arno-schmidt-stiftung.de/arno/2_48.html), Nr. 4.

Scott wandte.[30] Da die Formulierung in der englischen Literatur zum geflügelten Wort wurde[31], ist nicht zu vermuten, daß Schmidt sie direkt von Byron übernahm[32]; die wahrscheinlichste Quelle ist Lewis Carroll, der die Formulierung als Motto seinen „Syzygies“ voran-

---

30 Vgl. Lord Byron, „English Bards and Scotch Reviewers; A Satire“, in *The Works of Lord Byron: Embracing his Suppressed Poems, and a Sketch of his Life* (Boston: Phillips, Sampson, and Company 1854), S. 453-467, hier S. 458: „Oh, Amos Cottle! – Phœbus! what a name / To fill the speaking trump of future fame! – / Oh, Amos Cottle! for a moment think / What meagre profits spring from pen and ink! / When thus devoted to poetic dreams, / Who will peruse thy prostituted reams? / Oh pen perverted! paper misapplied! / Had Cottle still adorn'd the counter's side, / Bent o'er the desk, or, born to useful toils, / Been taught to make the paper which he soils, / Plough'd, delved, or plied the oar with lusty limb, / He had not sung of Wales, nor I of him.“

31 Ich danke Günther Flemming für diesen Hinweis.

32 Freilich kommt in Byrons Text das Schmidt-Wort „Kaff“ vor; vgl. Byron, „English Bards and Scotch Reviewers“, a.a.O., S. 465: „Thence shall I stray through beauty's native clime, / Where Kaff is clad in rocks, and crown'd with snows sublime.“ – Zudem könnte man von Byron wiederum auf Borrow kommen. Der Titelheld von *Lavengro* und *The Romany Rye* ist und bleibt Byron-Anhänger, begegnet aber schließlich einem Mann, der seine jugendliche Begeisterung für Byron mit der Begründung aufgegeben hat, dessen Gedichte wühlten ihn zu sehr auf. Vgl. Borrow, *The Romany Rye*, a.a.O., S. 135: „there is nothing narcotic in Byron's poetry. I don't like it. I used to read it, but it thrilled, agitated, and kept me awake.“ Ein ähnliches Argument taucht in Arno Schmidts Spätwerk auf. Vgl. Schmidt, *Abend mit Goldrand. eine MärchenPosse. 55 Bilder aus der Lä\Endlichkeit für Gönner der VerschreibKunst*, Bargfelder Ausgabe, Bd. IV/3 (Zürich: Haffmans 1993), S. 44: „EUGEN (in seiner gesetzt'n Art): »'n paar kalte Boulettn, 'n Glas Bier, und HACKLÄNDER – d'ss'n Labsal für'n König.« (Zu Egg): »›Schriften der Unruhe und Bestürzung‹, wie Sie sie verlangen, sind nichts für Philister, die ihre Häuser durch die Thüren betreten – zumal als Alternder werden sie immer wenijer out= und immer mehr insider. – (?)«“

stellt[33]. Die „Syzygies“ kannte Schmidt spätestens zur Zeit der Arbeit an *Sitara* Ende 1962[34]; es handelt sich dabei um die Erläuterung eines Verfahrens, Wörter, die in keinem inhaltlichen Zusammenhang stehen, vermittels lautlich identischer Mikrodetails über „Wort=Stiegen & =Steiglein“[35] zu verbinden – ein ähnliches Verfahren in der „Wasserstraße“ werde ich am Ende dieses Beitrags nachzuweisen versuchen.

Noch etwas weiter im Text ist Hel „weiteren tongue= works genäschig=gewärtig“ (448), und dies ist wiederum ein Borrow-Zitat. In *The Romany Rye* wird Lavengro von seinem Blutsbruder Petulengro der feurigen Isopel wärmstens empfohlen: „I was [...] about to say a better fellow-lodger you cannot have, or a more instructive, especially if you have a desire to be inoculated with tongues, as he calls them. I wonder whether you and he have had any tongue-work already.“[36] Die unüberhörbare Doppeldeutigkeit ist an dieser Stelle gewiß einkalkuliert; ansonsten ist in *Lavengro* und *The Romany Rye* viel von „tongue” im Sinne von Sprache die Rede; der Titelheld als Sprachengenie ist in der Lage, fast jedes Wort aus

---

33 Vgl. Lewis Carroll, „Syzygies“, in Stuart Dodgson Collingwood (Hg.), *Diversions and Digressions of Lewis Carroll (Formerly Titled: The Lewis Carroll Picture Book)* (New York: Dover Publications 1961), S. 289-303, hier S. 289 (in Arno Schmidts Exemplar durch ein Lesezeichen markiert).

34 Vgl. Friedhelm Rathjen, „Dodgfather, Dodgson and Coo. Arno Schmidts Carroll-Rezeption als Ableger seiner Joyce-Rezeption“, in Jörg Drews u. Doris Plöschberger (Hg.), *Starker Toback, voller Glockenklang. Zehn Studien zum Werk Arno Schmidts* (Bielefeld: Aisthesis 2001), S. 121-139, hier S. 130; korrigierter und ergänzter Nachdruck im vorliegenden Band, S. 101-116, hier S. 109.

35 Arno Schmidt, „Sylvie & Bruno. Dem Vater der modernen Literatur ein Gruß!“, in Bargfelder Ausgabe, Bd. III/4 (Zürich: Haffmans 1995), S. 246-264, hier S. 254.

36 Borrow, *The Romany Rye*, a.a.O., S. 35 (Kap. 6).

jeder beliebigen „tongue“ auf eine etymologische Sprachwurzel zurückzuführen.

Auf der nächsten Seite der „Wasserstraße“ stemmt der Erzähler Franz „die Hände in die Seiten, and made a lusty din; (GOtt segne mir bei dieser Gelegenheit doch einmal mehr das Coelibat!).“ (449) Zitiert wird hier wiederum ein Text des zölibatären Lewis Carroll, nämlich „The Vision of the Three T's“, ein dreiteiliges Gespräch eines Anglers und eines Jägers mit drei universitären Herren in Oxford, das schließlich in einer bacchantischen Ode endet, zuvor jedoch von einem angeblichen Volkslied in parodistischem Angloschottisch unterbrochen wird, dessen dritte Strophe lautet:

> Willie he stude at Thomas his Gate,
>   And made a lustie din;
> And who so blithe as the gate-porter
>   To rise and let him in?[37]

Im nächsten Erzählaugenblick muß Franz seinen Freund Felix davon abhalten, Verwünschungen gegen Ruth auszustoßen: „At this curse the sun went down, and the heaven gave a frown: »Muß nich, Felix.«“ (449) Das englische Zitat stammt aus dem Gedicht „I Heard An Angel“, in dem William Blake auf charakteristische Weise Gut und Böse, Himmlisches und Teuflisches kontrastiert:

---

[37] Lewis Carroll, „The Vision of the Three T's. A Threnody“, in *The Complete Works of Lewis Carroll* (London: The Nonesuch Library 1939), S. 1036-1053, hier S. 1041. – Ich danke Günther Flemming für den Hinweis auf diesen Text, bei dem es sich vermutlich um einen parodistischen Reflex auf ein Gedicht namens „At the Burns Centennial“ von James Russell Lowell handelt, in dessen zehnter Strophe ebenfalls eine Figur namens Willie für einen „lusty din“ sorgt, wie Michael Meinert mir freundlicherweise mitgeteilt hat. Die genaue Formulierung, wie Schmidt sie verwendet, ist allerdings noch nicht bei Lowell, sondern erst bei Carroll präsent.

I heard an Angel singing
When the day was springing,
"Mercy, Pity, Peace
Is the world's release."

Thus he sung all day
Over the new mown hay,
Till the sun went down
And haycocks looked brown.

I heard a Devil curse
Over the heath and the furze,
"Mercy could be no more,
If there was nobody poor,

And pity no more could be,
If all were as happy as we."
At his curse the sun went down,
And the heavens gave a frown.

Down pour'd the heavy rain
Over the new reap'd grain,
And Miseries' increase
Is Mercy, Pity, Peace.[38]

Das Zitat unterstreicht die (ohnehin unübersehbare) Teufelsrolle, die Felix in der „Wasserstraße" spielt[39]; zudem darf wohl vermutet werden, daß die Vokabel „furze" (Stechginster) als bilingualer Kalauer auf die Blähungen verweist, an denen Felix in Schmidts Text leidet.

Auf der nächsten Seite greift der Erzähler Hel „unter die dünnen Gewölbe der Achseln, unfathomed caverns" (450). Auch das ist ein Blake-Zitat, und wiederum evo-

[38] William Blake, „I heard an Angel singing", in Keynes (Hg.), *Poetry and Prose of William Blake*, a.a.O., S. 88.
[39] Vgl. Degener, „Arno Schmidt: Die Wasserstraße", a.a.O., S. [10].

ziert es die Höllensphäre, die freilich mit der des Himmels in Einklang gebracht wird. Im Vorspruch „To the Public“ von Blakes *Jerusalem* heißt es:

> Reader! *lover* of books! *lover* of heaven,
> And of that God from whom *all things are given*,
> Who in mysterious Sinai's awful cave
> To Man the wondrous art of writing gave:
> Again he speaks in thunder and in fire!
> Thunder of Thought, & flames of fierce desire:
> Even from the depths of Hell his voice I hear
> Within the unfathom'd caverns of my Ear.
> Therefore I print; nor vain my types shall be:
> Heaven, Earth & Hell henceforth shall live in
> harmony.[40]

Ein letztes eindeutiges Borrow-Zitat finden wir im achten Abschnitt der „Wasserstraße“, als der Erzähler zum „Traktoren=Tanzplatz“ assoziiert: „And the clouds ran a race across the bright moon.“ (451) In *Lavengro* erzählt der Held von dem Iren Murtagh, der ihm in seiner Jugend Irisch beibringt, und dieser Murtagh wiederum berichtet (nachdem gerade von „Finn-ma-Coul“[41] die Rede war) von einer unheimlichen Begebenheit, die er seiner inneren Unruhe zu verdanken hat:

> But I can't be quiet, either before the fire or abed; so I runs out of the house, and stares at the rocks, at the trees, and sometimes at the clouds, as they run a race across the bright moon; and, the more I stares, the more frighted I grows, till I screeches and holloas. And last night I went into the barn, and hid my face in the

---

[40] William Blake, *Jerusalem*, in Keynes (Hg.), *Poetry and Prose of William Blake*, a.a.O., S. 550-751, hier S. 550 f. (I.3).

[41] Eigentlich Fionn mac Cumhaill; identisch mit jenem Finn MacCool, der die heroische Folie des Titelhelden von *Finnegans Wake* liefert.

> straw; and there, as I lay and shivered in the straw, I heard a voice above my head singing out 'To whit, to whoo!' and then up I starts, and runs into the house, and falls over my brother Denis, as he lies at the fire. 'What's that for?' says he. 'Get up, you thief!' says I, 'and be helping me. I have been out into the barn, and an owl has crow'd at me!'[42]

Diese Stelle ist stärker mit der „Wasserstraße" vernetzt, als es zunächst den Anschein hat. Murtaghs Problem rührt daher, daß er vor Unruhe aus dem Haus gelaufen ist; gleich im Anschluß an das Zitat in der „Wasserstraße" bemerkt Ruth: „Ich seh schon, wir müssen uns tatsächlich noch hier anbauen, Felix" (451): der Unruhe Murtaghs will Ruth also einen Ruhesitz entgegensetzen.

Das letzte eindeutige Zitat aus einer englischsprachigen Quelle, das sich in der „Wasserstraße" finden läßt, stammt wiederum aus *Finnegans Wake* – „in ßünnägoug ä ßingäßong" (452) verweist auf eine Passage aus dem Joyceschen Spätwerk, in der die einbrechende Nacht geschildert wird:

> Inisfail! Timple temple tells the bells. In syngagyng a sangasongue. For all in Ondslosby. And, the hag they damename Coverfew hists from her lane. And haste, 'tis time for bairns ta hame. Chickchilds, comeho to roo. Comehome to roo, wee chickchilds doo, when the wildworewolf's abroad."[43]

---

[42] Borrow, *Lavengro*, a.a.O., S. 69 f. (Kap. 10).

[43] Joyce, *Finnegans Wake*, a.a.O., S. 244. – Schmidt hat diese Stelle aus *Finnegans Wake* übersetzt, und zwar so, daß der -el-Laut von „bells" erhalten bleibt. Vgl. Arno Schmidt, „Der Triton mit dem Sonnenschirm. (Überlegungen zu einer Lesbarmachung von FINNEGANS WAKE von James Joyce.)", in Bargfelder Ausgabe, Bd. II/3, a.a.O., S. 31-69, hier S. 64: „Timpel=Tempel zählt die Schelle. In Synagog' ein Sing=Gesang. Für All's im Endlos=Nebenan.

Das „tells the bells“ wird uns später noch beschäftigen; interessanter ist für den Moment, daß hier in „wildworewolf“ wiederum der Wolf auftaucht, wie dies ebenso schon bei der ersten in der „Wasserstraße“ zitierten *Wake*-Passage der Fall war – ein Zufall kann das kaum sein. Vielleicht hängt es damit zusammen, daß Schmidts Figur Hel durch ihren Namen mit der nordischen Mythologie verknüpft wird, wo Hel die „Schwester des Feniswolfes und der Mitgardschlange“[44] ist. In einem durch und durch sexualisierten Kontext müssen wir Wolf und Schlange wohl als Sexualsymbole lesen. Der Wolf ist dann die alles verschlingende Quell-Vulva, die in Schmidts Text allerdings nur indirekt anklingt in den jovialen Formulierungen „woll'n Wir“ (427), „‹Wolln Wa?!›“ (437), „woll'n wa doch gleich ma“ (443); der Wolf tritt im Text offen nicht auf, weil ja auch die Quelle der Wasserstraße nicht eigentlich erreicht wird, sondern durch einen Damm blockiert ist.[45] Die Schlange als männliches Pendant freilich wird uns noch begegnen.

Unser erster Durchmarsch durch die „Wasserstraße“ ist hier aber beendet, und wir haben in den neun Textteilen insgesamt neun Quellen namhaft machen können. Flann

---

Und die alte Hägse, der sie den Damen=Namen ‹Deck=Wenige› geben, psstet von ihrem Sack=Gäßchen her. Und rasch; 's ist Zeit, daß Kinder heimeln. Kück=Kinder, kommt zur Ruh. Komm heim zur Ruh, Du Kück=Kind=Du, wenn der Wild=Wer=Wolf umgeht. Ah, laß uns weg; und laß uns keck; laß uns am Fleck, wo das Buch=Klotz=Feuer brennt!“

44 Ralf Georg Czapla, *Mythos, Sexus und Traumspiel. Arno Schmidts Prosazyklus „Kühe in Halbtrauer“* (Paderborn: Igel 1993), S. 236.

45 Ich verzichte darauf, an dieser Stelle auf den Hanne-Wolff-Komplex im Werk Arno Schmidts einzugehen. Vgl. Rudi Schweikert, *Arno Schmidts Lauban. Die Stadt und der Kreis. Bilder und Daten* (München: edition text + kritik 1990), S. 41-46, 68-69. – Vgl. außerdem Arno Schmidt, *Zettel's Traum* (Stuttgart: Goverts Krüger Stahlberg 1970), S. 64 ru: „Ha! :nne Wulv!“

O'Brien, Shakespeare, der „Ol' Man River", Tennyson und Scott tauchen jeweils nur einmal und Carroll lediglich zweimal auf, sie sollen als rein punktuelle Quellen im folgenden zunächst vernachlässigt werden; drei Quellen hingegen sind durch jeweils mehrere eindeutige Zitate im Text präsent: James Joyce, William Blake und vor allem George Borrow. Ich möchte deshalb jetzt vom Ende aus den gesamten Lauf der „Wasserstraße" noch einmal rückwärts abschreiten und dabei schauen, ob sich die bisher hinsichtlich ihrer Herkunft ungeklärten englischsprachigen Partikel, die in Schmidts Text mitschwimmen, nicht vielleicht auch noch auf diese drei Hauptquellen zurückführen lassen.

1.2: Nachsickernde Quellen

Felix stellt sich einen Fußgänger vor, der vor einem Auto auf die Knie sinkt: „‹SPARE ME!›" (454) Dies ist vermutlich eine Anspielung auf „The Last Lesson", eine hübsche Episode in *The Romany Rye*, mit der, wie sich allerdings erst später herausstellt, das gemeinsame Leben Lavengros mit Isopel Berners zu Ende geht. Zur Strafe für unfreundliches Betragen will Lavengros seiner Belle eine der von ihr gefürchteten Armenischlektionen verabreichen, was ihr gar nicht gefällt:

> "You may well say inflicted," said Belle, "but pray spare me. I do not wish to hear anything about Armenian, especially this evening." [...] "I will not spare you," said I; "this evening I intend to make you conjugate an Armenian verb." "Well, be it so," said Belle; "for this evening you shall command." "To command is hramahyel," said I. "Ram her ill, indeed," said Belle; "I do not wish to begin with that."[46]

[46] Borrow, *The Romany Rye*, a.a.O., S. 91 (Kap. 14).

Der hübsche Kalauer „hramahyel“ / „Ram her ill“ veranlaßt uns, selbst ein bißchen mit dem Wortmaterial zu spielen, und wenn wir das tun, können wir in dem „make you conjugate“ vielleicht sogar die Quelle für den Kalauer „Cop you late!“ (430) in der „Wasserstraße“ vermuten. Bei Borrow setzt sich die mehrsprachige Kalauerei im übrigen noch ein wenig fort:

> “[...] Belle, in Armenian there are four conjugations of verbs; the first ends in al, the second in yel, the third in oul, and the fourth in il. Now, have you understood me?”
>
> “I am afraid, indeed, it will all end ill,” said Belle. “Hold your tongue,” said I, “or you will make me lose my patience. [...] Belle, I will now select for you to conjugate the prettiest verb in Armenian; not only of the second, but also of all the four conjugations; that verb is siriel. Here is the present tense: – siriem, siries, sirè, siriemk, sirèk, sirien. [...]”[47]

Leider kann der Erzähler Isopel mit solchen Konjugationswonnen nicht locken, und kurz darauf ist sie verschwunden.

Ein etwas diffizilerer Kalauer findet sich in der „Wasserstraße“, als der Erzähler sich vorstellt, wie schwere Maschinen um dem „Traktoren=Tanzplatz“ herumgurken: „Circln umeinander, un=tiring, auf dem GRÜNEN PLAN: dun lop man!“ (451) Der „dun lop man“ ist ein Reifenmann, und Reifen heißt auf englisch „tire“, so daß „un=tiring“ etwa das Reifenausziehen bedeuten müßte. In seiner eigentlich Bedeutung (‚unermüdlich‘) konnte Schmidt das Adjektiv in *The Romany Rye* finden, wo sich

---

[47] Ebd., S. 92 f.

ein „man in black“ folgendermaßen über Bibelverteiler ausläßt:

> These fellows are a pestilent set of heretics, whom we would gladly see burnt; they are, with the most untiring perseverance, [...] scattering their books abroad through all Europe [...]. There is one fellow amongst them for whom we entertain a particular aversion; a big, burly parson, with the face of a lion, the voice of a buffalo, and a fist like a sledge-hammer.[48]

Als die Wasserwanderung von Hel und Ruth am Damm endet, bietet der Erzähler ihnen an: „Kommt: Wir stützen Euch an dem so glummen Teich vorbey – ‹gloomy› ist'as englische Äquivalent.“ (447) George Borrow, der gern düster-melancholische Landschaften beschrieb, scheint ein besonderes Faible für die Vokabel „gloomy“ gehabt zu haben, die in seinen fünf Büchern immerhin 78mal vorkommt: 16mal in *Lavengro*, 4mal in den Kapiteln 16 und 17 von *The Romany Rye* (die den Abschied von Isopel besiegeln), 33mal in *Wild Wales*, 19mal in *The Bible in Spain* und 6mal in *Zincali*. Aber auch in Blakes *Four Zoas* ist die Vokabel zu finden:

> Indignant, muttering low thunders, Urizen descended,
> Gloomy sounding: “Now I am God from Eternity to
> Eternity.”[49]

Urizen, ein boshafter Gott in der Art von Schmidts Leviathan, droht auf diese Weise dem schmiedartigen Los, der daraufhin Rache zu planen beginnt.[50]

---

[48] Ebd., S. 22 f. (Kap. 4).

[49] Blake, *Vala, or The Four Zoas*, a.a.O., S. 290.

[50] Zur Vokabel „gloomy“ vgl. auch die Zueignung in O'Brien, *The Hard Life*, a.a.O., Vorsatz: „I honourably present to / GRAHAM

Franzens Befürchtung, „daß Klütnpedder schon mit dem Beil mist=schief gemacht hättn“ (446), scheint sich auf eben diese Szene beziehen, denn Los reagiert folgendermaßen auf Urizens Machtbehauptung:

> Los answer'd furious: "Art thou one of those who when most complacent
> Mean mischief most? If you are such, Lo! I am also such. [...]"[51]

Aber auch bei Borrow wird der Ausdruck „mischief“ häufig benutzt, vor allem in *Lavengro*, wo er zum einen die Tricks der Zigeuner und zum anderen das Wirken des Teufels bezeichnet.

Das „‹Ei tu›“ (442), das Ruth nicht ausspricht, und der „Petticoat“ (440) einer Tanne finden ihre Entsprechung darin, daß bei George Borrow häufiger einmal eine Wendung mit „I, too“ anhebt (mindestens fünfmal in *Lavengro*, einmal in *The Romany Rye* und sechsmal in *Wild Wales*) und zweimal ein „petticoat“ erwähnt wird (Jasper Petulengros Mutter trägt „a coarse petticoat“[52] und nicht viel anderes; ein weitgereister Postillon zieht aus einem italienischen Marienbildnis den Schluß, die Mutter-

GREENE / whose own forms of gloom I admire, / this misterpiece“. – Über den Begriff „gloomy“ kann man zudem auf Karl May und speziell dessen Roman *Der Ölprinz* kommen; da das daraus sich ergebende Beziehungsgeflecht zu komplex ist, um es an dieser Stelle erläutern zu können, sei verwiesen auf Rudi Schweikert, „Gloomy Water. Karl Mays *Der Ölprinz* in Arno Schmidts Erzählung *Die Wasserstraße*. Mit einer Seitenbemerkung zu Dimitrij Mereschkowskij“, in Guido Erol Öztanil (Hg.), *Zettelkasten 24. Aufsätze und Arbeiten zum Werk Arno Schmidts. Jahrbuch der Gesellschaft der Arno-Schmidt-Leser 2005* (Wiesenbach: Bangert & Metzler 2005), S. 273-281.

51 Blake, *Vala, or The Four Zoas*, a.a.O., S. 291.

52 Borrow, *Lavengro*, a.a.O., S. 35 (Kap. 5).

gottes müsse „very fond of short petticoats and tinsel“[53], aber eher häßlich gewesen sein); in „zur Feier des Lunch“ (439) und „da ahfternunen Wir!“ (437) finden wir weitere englische Vokabeln, die mehrfach bei Borrow zu finden sind („afternoon“ allerdings nie als Verb). Das „fair ißt fowl & foul ißt fair“ (440) haben wir ja schon als bekanntes Shakespeare-Zitat identifiziert, wobei sich allerdings nachtragen ließe, daß Varianten darauf wie „either by fair means or foul“[54] oder „fair play [...] – no fould play“[55] auch in *Lavengro* zu finden sind. Die Wendung „Er squarte die (kärglichen) Schultern“ (438) ist insofern ungewöhnlich, als sie die Vokabel „square“ als Verb benutzt – eben dies geschieht auch einmal in *Lavengro*, als ein Kesselflicker berichtet, wie er dem „Flaming Tinman“ (einem Erzrivalen des Titelhelden) gegenübergetreten ist: „I am a quiet man, young fellow, but I saw now that quietness would be of no use, so I sprang up upon my legs, and being bred upon the roads, and able to fight a little, I squared as he came running in upon me, and had a round or two with him.“[56]

Wenn „Felix [...] die Rippelmarken, unten im Bachsand, mit dem angeblich=englischen Ausdruck dafür als ‹nipples›“ (440) bezeichnen zu können glaubt, so wird er dafür bei unseren Quelltexten gewiß keinen Beleg finden können; bei Borrow taucht immerhin einige Male das eigentlich gemeinte „ripple“ auf. Den Ausdruck „nipples“ kennt Felix allerdings, wenn er James Joyce gelesen hat; in einer Szene des *Ulysses* denkt der Protagonist Leopold Bloom an „woman’s breasts full in her blouse of nun’s

---

53 Ebd., S. 531 (Kap. 98).
54 Ebd., S. 43 (Kap. 6).
55 Ebd., S. 448 (Kap. 85).
56 Ebd., S. 349 f. (Kap. 68).

veiling, fat nipples upright“[57], und diese Stelle paßt insofern doch irgendwie in die „Wasserstraße“, als die Vokabel „veiling“ uns noch beschäftigen wird. Das gilt auch für eine der möglichen Quellstellen für Franzens „‹Fouk=Lor›“ (433): bei Borrow lesen wir zwar viele folkloristisch interessante Details, doch der Begriff „folklore“ fällt dort ebensowenig wie bei Blake – aber bei Joyce finden wir ihn, und zwar in *Finnegans Wake*, als Shem seinen Bruder Shaun anbrüllt: „How farflung is your folkloire and how velktingeling your volupkabulary! *Qui vive sparanto qua muore contanto*. O foibler, O flip, you’ve that wandervogl wail withyin!“[58] Und das „wail“, das wir hier vorfinden, können wir uns gleich mit dem eben entdeckten „veiling“ zusammen merken.

Wenn Hel ein „Grinsen wie bei Bietnick’s“ (428) aufsetzt, so zeigt das, daß Schmidt sich durchaus auch im Slang seiner Zeit bediente; Blake, Borrow und Joyce kannten diesen Ausdruck naturgemäß noch nicht. Angesichts der höllischen Textuntergründe der „Wasserstraße“ müssen wir aber daran denken, daß „Nick“ ein englischer Ausdruck für den Teufel ist. Einer Stelle in Borrows *Wild Wales* können wir entnehmen, daß dieser Sprachgebrauch sowohl angelsächsische als auch altnordische Wurzeln hat: „We also say: Go to old Nick! and Nick or Nikkur was a surname of Woden, and also the name of a spirit which haunted fords and was in the habit of drowning passengers.“[59] Durch das Motiv des Ertränkens am Schluß paßt auch diese Stelle trefflich in die Wassermetaphorik von Schmidts Erzählung.

---

[57] James Joyce, *Ulysses*, hg. v. Hans Walter Gabler (Harmondsworth: Penguin 1986), S. 144 (Z. 8.914 f.).

[58] Joyce, *Finnegans Wake*, a.a.O., S. 419.

[59] Borrow, *Wild Wales*, a.a.O., S. 392 f. (Kap. 118). – Daß im prügelreichen Werk von Borrow das Verb „to beat“ nicht eben selten vorkommt, versteht sich im übrigen von selbst.

Deren Erzähler Franz stellt mit Bedauern fest, daß sein Patenkind Hel „nich'die Spur jener Äppi=Cycl" (426) in der Bluse hat. ‚Epicycle' ist ein mathematisch-astronomischer Ausdruck, der einen Nebenkreis bezeichnet, und läßt sich in den Quelltexten der „Wasserstraße" nicht nachweisen (vielleicht wäre es angemessener, in den Quelltexten der Vorläufererzählung „Nebenmond und rosa Augen" zu suchen); nehmen wir die Schreibung „Äppi=Cycl" jedoch wortwörtlich, so muß es um eine Art Apfelglobus gehen, und der kommt in der Tat bei George Borrow vor. Früh in *Lavengro* lernt der Erzähler einen Verleger kennen, der die These vertritt: „The world must exist, to have the shape of a pear; and that the world is shaped like a pear, and not like an apple, as the fools of Oxford say, I have satisfactorily proved in my book."[60] Lavengro widerlegt diese These überzeugend:

> The world may be shaped like a pear, but I don't know that it is; but one thing I know, which is, that it does not taste like a pear; I have always liked pears, but I don't like the world. The world to me tastes much more like an apple, and I have never liked apples. [...] An apple is round, [...] and the world is round – the apple is a sour, disagreeable fruit; and who has tasted much of the world without having his teeth set on edge?[61]

Trotz seiner Abneigung gegen Äpfel (und gegen die Welt) freundet Lavengro sich allerdings später im Kapitel 40 in London mit einer „apple-woman" an, der er auf ihren Wunsch eine Bibel beschafft im Tausch gegen ein Buch, das sie nicht mehr lesen möchte und bei dem es sich, wie

---

60 Borrow, *Lavengro*, a.a.O., S. 181 (Kap. 30).
61 Ebd., S. 209 f. (Kap. 36).

sich später herausstellt, um eine Erstausgabe des *Robinson Crusoe* handelt.

„Läidies änd Dschennts" (426 und 450) spricht der Erzähler der „Wasserstraße" seine Gefährten gleich zweimal an. In den uns primär interessierenden Quelltexten ist diese Formulierung in dieser verkürzten Form nur einmal zu finden, nämlich im Joyceschen Ulysses, wo der „DEMON BARBER" Rumbold den versammelten „Ladies and gents" stolz seine Tötungsinstrumente vorstellt – auch das paßt ja irgendwie in die Höllenmetaphorik der „Wasserstraße".

Nachzutragen ist, daß es außerdem in der „Wasserstraße" noch einige englischsprachige Einsprengsel gibt, die zu unspezifisch sind, um die Identifizierung einer Quelle zu gestatten: „: »HANDS UP!!« –" (428) bzw. „‹hands up!›" (446); „Sumpf= & Bogfenflat" (429)[62]; „der noon" (431); „Shamrock & Reënklee" (431)[63]; „ein Schlukk= plies!" (433); „‹Ottawa› und ‹Melbourne speaking›" (441); „Ei nou!" (448); *„Shirting"* (453).

Diese wenigen ungeklärten Details ändert nichts daran, daß die englischsprachigen Hauptquellen der „Wasserstraße" angesichts der Materiallage als gesichert gelten dürfen: es sind James Joyce, William Blake und George Borrow. Die Präsenz von Joyce in Schmidts Werk der sechziger Jahre ist keine Überraschung und schon vielfach erforscht; ich möchte mich deswegen nun zunächst Blake und dann Borrow zuwenden.

---

[62] Die Vokabeln „bog", „fen" und „flat" lassen sich mehr oder minder häufig bei Borrow finden, allerdings nie gemeinsam.

[63] Das Kleeblatt als irisches Nationalsymbol ist natürlich im Werk von Joyce gelegentlich präsent (wenn auch nirgendwo signifikant); bei Borrow oder Blake kommt es nicht vor.

2: Blake-Wedel

Die titelgebende Wasserstraße „entspringt nahe dem Dorfe Blickwedel, im Kreise Gifhorn", erklärt Franz seinen Wandergefährten und fragt seinen alten Freund Felix im nächsten Moment: „Was bleckst Du mich so an?!"[64] (426) Falls das ein kalauernder Hinweis auf Blake sein sollte, wäre er wohl doch zu subtil angelegt, denn Blake konnte man bei Schmidt zu dieser Zeit nicht unbedingt erwarten. Schmidts Bekanntschaft mit Blake ist freilich eine alte.

Anfang August 1938 sind Arno und Alice Schmidt in London, wo Schmidt sich bekanntlich eine Poe-Ausgabe kauft – aber nicht nur das. In der Tate Gallery bewundern die beiden, wie aus Alice Schmidts Reisebericht hervorgeht, die „Handzeichnungen des großen William Blake. Diese Zeichnungen!"[65] Auch eine Blake-Ausgabe kauft Schmidt schließlich[66]; mit Schmidts Wertschätzung von Blakes Zeichnungen kann die seiner literarischen Werke aber augenscheinlich nie mithalten, und so findet sich in Schmidts Werk der nächsten zwei Jahrzehnte nur ein einziger möglicher Bezug auf Blake. In der frühen Erzählung „Die Fremden" entlarvt Kauff einen Möchtegerndichter, der einer Figur des Namen Thel gibt, als Plagiator:

---

[64] Vgl. Schmidt, *Zettel's Traum*, a.a.O., S. 1231 mu: „Sie BLAKE'De die Zähne=unnötich".

[65] Alice Schmidt, „Brief an Rosa Junge", in Jan Philipp Reemtsma u. Bernd Rauschenbach (Hg.), *»Wu Hi?« Arno Schmidt in Görlitz Lauban Greiffenberg* (Zürich: Haffmans 1986), S. 91-121, hier S. 115.

[66] Vgl. ebd.: „Arno war nehmlich seit vielen Jahren hinter zwei Werken her, [...] Edgar Allan Poe's Gesamtwerk u. William Blake's Dichtungen"; S. 120: „Und richtig gegen 8 hatten wir William Blake in Händen."

> Kauff schlug die so genau bezeichnete Stelle [bei Laurence Sterne in der Ausgabe von 1775] auf und las stockend: »Thel east hint – – was heißt denn das!? –« Der Blinde lachte müde auf: »The least hint –« antwortete er; »es ist natürlich nur ein Druckfehler –« Kauff klappte in maßlosem Erstaunen das Buch auf und zu, und pfiff durch die Zähne, schrill und geschäftig: »Ach, daher stammt der Name aus seiner letzten Ballade ‹Thel›, die er neulich in der Harmonie vorlas –.«[67]

Eine literarische Figur namens Thel gibt es tatsächlich, nämlich als Titelgestalt von *The Book of Thel*[68], dem ersten der mythologisch-symbolistischen Bücher William Blakes. Sollte die Quellenvermutung, die Schmidt seiner Figur Kauff in den Mund legt, tatsächlich auf einer Schmidtschen Theorie zur Namenswahl Blakes beruhen, so wäre diese immerhin historisch stimmig, denn das *Book of Thel* erschien 1789, also deutlich nach der Sterne-Ausgabe mit dem Druckfehler. Das *Book of Thel* war in jener Blake-Ausgabe enthalten, die Schmidt 1938 in London erstand und die dann in den Wirren des Kriegsendes verlorenging; es handelt sich, wie aus einer kurzen Notiz in *Zettel's Traum*[69] hervorgeht, um die vom irischen Lyriker William Butler Yeats edierte Auswahlausgabe, die übrigens zu Beginn des Jahrhunderts auch James

---

[67] Arno Schmidt, „Die Fremden", in Bargfelder Ausgabe, Bd. I/4 (Zürich: Haffmans 1987), S. 497-575, hier S. 512.

[68] Vgl. William Blake, „The Book of Thel", in Keynes (Hg.), *Poetry and Prose of William Blake*, a.a.O., S. 168-173. Auch in William Blake, *Collected Poems*, hg. v. William Butler Yeats [zuerst: 1905] (London / New York: Routledge 2002), S. 157-62.

[69] Vgl. Schmidt, *Zettel's Traum*, a.a.O., S. 707 mm: „1938 aus LONDON mitgebracht"; S. 707 rm: „auch 1 BLAKE, vom YEATS –: 's 'ss verloren=gegangen...."

Joyce besaß[70] und sich deswegen auf den *Ulysses* (vor allem die neunte Episode, das Gespräch in der Nationalbibliothek) ausgewirkt hat. Yeats stellt in seiner Ausgabe Blake vor allem als Mystiker heraus und schiebt ihm im Vorwort sogar die Abkunft von einem Iren namens John O'Neil unter[71]; entsprechend beliebt wurde Blake bei Dubliner Mystikern, vor allem bei George William Russell alias A.E., der in der Bibliotheksepisode des *Ulysses* folgerichtig einige Blake-Zitate in die Runde wirft.

Als Schmidt die Ausgabe kauft, weiß er von Joyce freilich nichts. Als er viel später, nämlich 1959, das Erinnerungsbuch *Meines Bruders Hüter* von Stanislaus Joyce übersetzt, wird er allerdings auf den Zusammenhang aufmerksam, denn dort erfährt er: „Es war Yeats' Ausgabe von Blakes Gedichten gewesen, die meines Bruders Aufmerksamkeit auf Diesen hingelenkt hatte."[72] Ungefähr zur gleichen Zeit schreibt Schmidt die Erzählung „Nebenmond und rosa Augen", in der sich folgender Passus findet:

> der Hahn [hatte] lange in die Fahrradlampe gestarrt, the Snake & the Serpent; und dann zu krähen begonnen: The Sun does arise, & makes happy the skies. Auch war noch bemerkenswert gewesen, daß eine junge Katze, die, laut Aussage jener Klütenpedder, sonst wenig Elektrizität zeigte, in den vorhergehenden

---

70 Vgl. Michael Patrick Gillespie, *James Joyce's Trieste Library: A Catalogue of Materials at the Harry Ransom Humanities Research Center* (Austin: The University of Texas at Austin 1986), S. 49 f. (Nr. 57).

71 Vgl. William B. Yeats, „Introduction", in Blake, *Collected Poems*, a.a.O., S. xviii-xliii, hier S. xviii.

72 Stanislaus Joyce, *Meines Bruders Hüter*, üb. v. Arno Schmidt (Frankfurt a.M.: Suhrkamp 1960), S. 143.

> kalten Tagen, vom 23. bis 27. Oktober, bei dem leisesten Streicheln starke Funken sprühte; besonders lange kamen, mit lautem Geknister, aus den Spitzen der Ohren.[73]

Diese Passage enthält mehrere Textdetails, die später in Schmidts „Wasserstraße“ wieder auftauchen werden (das Schlangenmotiv, die „Klütenpedder“ und das Funkensprühen beim Streicheln), doch was für unseren Zusammenhang wichtiger ist: Schmidt zitiert hier eine Zeile aus „The Echoing Green“, einem der Gedichte aus Blakes früher Sammlung *Songs of Innocence*. Die erste der drei Strophen dieses Gedichts, dessen Titel Schmidt in seinem im Oktober 1960 verfaßten Aufsatz „Der Platz, an dem ich schreibe“ noch einmal anspielen wird[74], lautet:

> The Sun does arise,
> And make happy the skies;
> The merry bells ring
> To welcome the Spring;
> The skylark and thrush,
> The birds of the bush,
> Sing louder around
> To the bells' chearful sound,
> While our sports shall be seen
> On the Ecchoing Green.[75]

---

[73] Arno Schmidt, „Nebenmond und rosa Augen“, in Bargfelder Ausgabe, Bd. I/4, a.a.O., S. 135-140, hier S. 135.

[74] Vgl. Arno Schmidt, „Der Platz, an dem ich schreibe“, in Bargfelder Ausgabe, Bd. III/4, a.a.O., S. 28-31, hier S. 30: „‹The echoing Green›“.

[75] William Blake, „The Ecchoing Green“, in Keynes (Hg.), *Poetry and Prose of William Blake*, a.a.O., S. 57. Unter dem normierten Titel „The Echoing Green“ auch in Blake, *Collected Poems*, a.a.O., S. 48 f., hier S. 48. – Die Quelle für Schmidts Kenntnis dieses Gedichts zu diesem Zeitpunkt ist unbekannt – es sei denn, er hätte sich noch aus seiner alten Blake-Ausgabe daran erinnert.

Ein knappes Jahr später, im Juli 1960, schreibt Schmidt die Funkfassung seines Joyce-Essays „Das Geheimnis von Finnegans Wake“, in dem er mythologisierenden *Wake*-Deutungen seine eigene entgegenhalten will: „20 Jahre lang haben nunmehr die ‹Feinsinnigen› [...] ge=Vico=t und ge=Carroll=t, ge=Lévy=Brüller=t und ge=Blake=t: da ist es wahrlich an der Zeit, daß *auch der Verstand* einmal sich zu FINNEGANS WAKE äußere.“[76] Blake zählt für Schmidt also (wie auch Carroll) zu jenen Wirrköpfen, mit denen er nichts zu tun haben will. Über Blake informiert hat er sich freilich, wie eine andere Stelle des Essays zeigt: da geht er etwas näher auf Blake ein,

> weil JOYCE ihn zeitlebens hoch verehrt, über ihn Vorträge gehalten, und einen Mann gegen den Vorwurf der Geistesgestörtheit verteidigt hat, der es fertig brachte, mitten in London auf der Straße stehen zu bleiben, und vor dem – seinen Begleitern wie billig unsichtbaren – Apostel Paulus tief den Hut zu ziehen. [...] Ich weiß von ihm nur, daß er den ‹Geist eines Flohs› porträtiert hat; und daß eines seiner Stücke beginnt: »Heute dinierten die Profeten Jesaias und Hesekiel mit mir ...« – da hab'ich zurückgeblättert, und mich seitdem an die SONGS OF INNOCENCE gehalten. Aber wieso war auch er rachsüchtig? [...] Ein Tommy, ein englischer Soldat namens SCHOFIELD, hatte ihm einmal einen Prozeß angehängt; und der Arme geistert seitdem für immer durch BLAKE's angeblich so hoch=mystische Gesänge.[77]

---

[76] Arno Schmidt, „Das Geheimnis von Finnegans Wake“, in Bargfelder Ausgabe, Bd. II/2 (Zürich: Haffmans 1990), S. 433-474, hier S. 448.

[77] Ebd., S. 444.

Die Anekdote mit dem Floh hat Schmidt vermutlich aus dem Blake-Artikel der *Encyclopaedia Britannica*[78]; der Versuch von Joyce, Blake gegen den Vorwurf des Wahnsinns zu verteidigen, findet sich in einem Vortrag, den Joyce 1911 in Triest hielt[79]; mit dem hübschen Satz „The Prophets Isaiah and Ezekiel dined with me"[80] beginnt ein Abschnitt in Blakes „Marriage of Heaven and Hell", wobei allerdings unklar ist, woher Schmidt diesen Text damals gekannt haben könnte; aus der Blake-Biographie von Gilchrist, die Schmidt Ende Mai 1960 bekommen und ausweislich des Tagebuchs seiner Frau sogleich gelesen hat, kennt er die Geschichte mit dem Soldaten[81] und die Anekdote der Verbeugung vor Paulus[82].

---

[78] Vgl. J. C. C. [=J. W. Comyns-Carr], „Blake, William (1757-1827)", in *The Encyclopaedia Britannica*, a.a.O., S. 36-38, hier S. 38: Blake lieferte „several curious drawings, made from visions, especially the celebrated 'ghost of a flea'". Schmidt hatte die *Encyclopaedia Britannica* gerade frisch angeschafft.

[79] Vgl. James Joyce, „William Blake", in Ellsworth Mason u. Richard Ellmann (Hg.), *The Critical Writings of James Joyce* (New York: Viking Press 1959), S. 214-222, hier S. 220.

[80] Vgl. William Blake, „The Marriage of Heaven and Hell", in Keynes (Hg.), *Poetry and Prose of William Blake*, a.a.O., S. 190-202, hier S. 195; auch in Blake, *Collected Poems*, a.a.O., S. 162-176, hier S. 169 (es ist freilich kaum vorstellbar, daß Schmidt sich an dieses Textdetail der fünfzehn Jahre zuvor verlorenen Ausgabe erinnert hätte).

[81] Vgl. Alexander Gilchrist, *Life of William Blake* (London / New York: Dent / Dutton 1942), S. 166-172, 201, 380; der Name lautet nach Gilchrist allerdings korrekt „Scholfield". – Die Datierung von Schmidts Lektüre der Biographie beruht auf Unterlagen der Bargfelder Schmidt-Stiftung, für deren Mitteilung ich Bernd Rauschenbach danke.

[82] Vgl. ebd., S. 319. – Ebd., S. 265 f., wird ebenfalls das Porträt des „Ghost of a Flea" kommentiert.

Im Rahmen seiner Beschäftigung mit Joyce macht Schmidt sich also auch in Sachen Blake schlau, auch wenn er die übertriebene Beschäftigung der Joyce-Forschung mit Blake für kontraproduktiv hält. Deshalb muß ihm gut gefallen haben, was er (wohl Anfang 1961) in James Athertons materialreicher Studie *The Books at the Wake*[83] liest; Atherton macht zwar einige wenige Blake-Anspielungen namhaft (so etwa „57.7 Zoans; Hear the four of them!“), fährt dann aber fort: „Although a good deal has been written about Joyce's use of Blake in the *Wake* I can find few signs of it, and think that Joyce had left Blake and gone on to other mystics, for whom Blake had prepared him.“ Athertons nächster Satz wird allerdings weitreichende Folgen für Schmidt haben:

> Joyce may have remembered such lines as: 'Eno, a daughter of Beulah … took an atom of space & opened its centre Into Infinitude'; and 'Wondering she saw her woof begin to animate, & not / As Garments woven subservient to her hands, but having a will / Of its own perverse and laboured' – *Vala, or the Four Zoas*.)[84]

Diese so unscheinbar klingende Stelle stimuliert Schmidt gleich in doppelter Hinsicht. Zum einen muß er Athertons Blake-Zitat „atom of space“ mit der berühmten Formulierung „The abnihilisation of the etym“[85] in *Finnegans*

---

[83] Dieses Buch erweist sich für Schmidt auch abgesehen vom Blake-Kontext als ungeheuer fruchtbar, denn es setzt ihn auf die Fährte von Lewis Carroll. Vgl. dazu Rathjen, „Dodgfather, Dodgson and Coo“, a.a.O., S. 127-130, 136-138; Nachdruck im vorliegenden Band, S. 107-109, 113-115.

[84] James Atherton, *The Books at the Wake. A Study of Literary Allusions in James Joyce's Finnegans Wake* (London: Faber 1959), S. 236. – Die von Atherton zitierten Blake-Stellen finden sich in Blake, *Vala, or The Four Zoas*, a.a.O., S. 286, S. 281.

[85] Joyce, *Finnegans Wake*, a.a.O., S. 353.

Wake verknüpfen, eben jener Formulierung, der Schmidt später die Bezeichnung für seine Etym-„Theorie“ entnimmt; zum anderen wird er hier auf Blakes *Vala*-Dichtung aufmerksam, den Schlüsseltext zum Verständnis der Blake-Folie in der „Wasserstraße“ (dem unmittelbaren Umfeld der „atom“-Stelle entnimmt Schmidt, wie oben bereits zitiert, seine Formulierung „windows into Eden, mazes of delight“). Diese symbolistische Dichtung (seine umfangreichste neben *Jerusalem*) schrieb Blake zwischen 1795 und 1804, und zwar zunächst unter dem Titel *Vala or the Death and Judgement of the Ancient Man: A Dream of Nine Nights*, der später ersetzt wurde durch *The Four Zoas: The Torments of Love & Jealousy in the Death and Judgement of Albion the Ancient Man*. Blake selbst hat dieses Werk nicht veröffentlicht, sondern seinem Freund, dem Landschaftsmaler John Linnell, geschenkt; erst nach seinem Tod wurde es nach dem recht wirren Manuskript ediert, blieb aber relativ unbekannt und ist auch in der Yeats-Ausgabe nur in zwei äußerst kurzen Auszügen vertreten.

Durch Athertons Buch ist Schmidt auf Blakes *Vala*-Dichtung aufmerksam geworden, doch der Text selbst ist ihm bis auf weiteres nicht greifbar, und auch in Gilchrists Biographie, aus der sich Schmidts Blake-Kenntnis bis auf weiteres hauptsächlich speist, steht nichts über den Text. Blake-Reflexe in Schmidts Werk bleiben daher zunächst Mangelware. In „Großer Kain“ (im Oktober 1961 geschrieben) verweist die Wendung „Nobodaddy's Kinder“[86] zwar auf Blakes Gedicht „To Nobodaddy“[87], doch

---

[86] Arno Schmidt, „Großer Kain“, in Bargfelder Ausgabe, Bd. I/3, a.a.O., S. 352-367, hier S. 358.

[87] Vgl. William Blake, „To Nobodaddy“, in Keynes (Hg.), *Poetry and Prose of William Blake*, a.a.O., S. 93: „Why art thou silent & invisible, / Father of Jealousy / Why dost thou hide thy self in clouds / From every searching Eye? // Why darkness & obscurity /

Schmidt zitiert den Ausdruck vermutlich aus dem Joyceschen *Ulysses*, wo er im Bibliothekskapitel fällt[88].

Den Aufsatz „Das Buch Mormon“ ergänzt Schmidt für den Zeitschriftenabdruck im März 1962 um folgendes Motto: „They saw his pale visage emerge from the darkness, his hand on the rock of eternity, unclasping the book of brass ... (W. Blake, URIZEN)“[89]. Das „First Book of Urizen“, aus dem er hier zitiert, stammt aus dem Umkreis der *Vala*-Dichtung; Schmidt hat sich inzwischen also Textkenntnis verschafft, und in *Sitara* (zwischen August und November 1962 entstanden) zitiert Schmidt Blake dann dreimal offen, nämlich in Gestalt zweier Formulierungen aus *Vala, or The Four Zoas* („a monster, lovely in the Heavens! (W. BLAKE)“[90]; „‹Thou wilt go

---

In all thy words & laws, / That none dare eat the fruit but from / The wily serpent's jaws? / Or is it because Secresy gains females' loud applause?“ – Unter dem Titel „To Old Nobodaddy“ auch enthalten in Blake, *Collected Poems*, a.a.O., S. 116.

88 Vgl. Joyce, *Ulysses*, a.a.O., S. 169 (Z. 9.787).

89 Arno Schmidt, „Das Buch Mormon“, in Bargfelder Ausgabe, Bd. III/4, a.a.O., S. 65-77, hier editorische Nachbemerkung, S. 472. – Vgl. William Blake, „The First Book of Urizen“, in Keynes (Hg.), *Poetry and Prose of William Blake*, a.a.O., S. 243-258, hier S. 245: „The voice ended: they saw his pale visage / Emerge from the darkness, his hand / On the rock of eternity unclasping / The Book of brass. Rage siez'd the strong, [...]“ (die erste Strophe von Kapitel III). Diese Dichtung ist in der Yeats-Auswahl nicht enthalten.

90 Arno Schmidt, *Sitara und der Weg dorthin. Eine Studie über Wesen, Werk & Wirkung KARL MAY's*, Bargfelder Ausgabe, Bd. III/2 (Zürich: Haffmans 1993),, S. 26. – Vgl. Blake, *Vala, or The Four Zoas*, a.a.O., S. 285: „Above the ocean; a bright wonder, Nature, / Half Woman & half Spectre; all his lovely changing colours mix / With her fair crystal clearness; in her lips & cheeks his poisons rose / In blushes like the morning, and his scaly armour softening, / A monster lovely in the heavens or wandering on the earth, / With spectre voice incessant wailing, in incessant thirst, / Beauty all blushing with desire, mocking her fell despair. “

mad with horror, if thou dost examine thus every moment of my secret hours!›; BLAKE"[91]) und einer Sentenz aus *Jerusalem* („‹friendships horrid to think of, when deeply inquired into› (BLAKE)"[92]), außerdem bringt er noch einmal die Anekdote um den Apostel Paulus an[93]. Daß Blake gerade in *Sitara* mehrmals vorkommt, ist kein Zufall; nach Abschluß des Buches schreibt Schmidt an Wilhelm Michels, für die *Sitara*-Methode gebe es noch bedeutendere ‚Objekte' als Karl May, und dazu rechne er „etwa WILLIAM BLAKE, CARROLL, und eben auch die Mägdlein BRONTE."[94] Diesen Brief schreibt Schmidt am 17. Dezember 1962, aber erst zu Heiligabend jenes Jahres erhält er (dem Eintrag im Vorsatz wie auch seinem Tagebuch zufolge) endlich die Keynes-Ausgabe *Poetry*

---

91 Schmidt, *Sitara und der Weg dorthin*, a.a.O., S. 123. – Vgl. Blake, *Vala, or The Four Zoas*, a.a.O., S. 279 f.: „Thou wilt go mad with horror if thou dost Examine thus / Every moment of my secret hours. Yea, I know / That I have sinn'd, & that my Emanations are become harlots. / I am already distracted at their deeds, & if I look / Upon them more, Despair will bring self-murder on my soul. / O Enion, thou art thyself a root growing in hell, / Tho' thus heavenly beautiful to draw me to destruction." – Zur Formulierung „growing in hell" vgl. auch die Eingangsformulierung des Schlußbildes in Schmidt, *Abend mit Goldrand*, a.a.O., S. 291: „Terrasse, growing hell."

92 Schmidt, *Sitara und der Weg dorthin*, a.a.O., S. 103. – Vgl. Blake, *Jerusalem*, a.a.O., S. 600 (II.28).

93 Vgl. Schmidt, *Sitara und der Weg dorthin*, a.a.O., S. 240: „die in jenen Zirkeln geläufige Erscheinung [...], gemäß deren auch WILLIAM BLAKE seinen Hut ins Nichts zu schwenken pflegte, und auf Befragen angab: er hätte bloß ma eben rasch den Apostel Paulus gegrüßt. (Nu einverstanden!; Hauptsache, er hat außerdem noch gute Sachen geschrieben.)"

94 Arno Schmidt, *Der Briefwechsel mit Wilhelm Michels. Mit einigen Briefen von und an Elfriede Bokelmann, Erika Michels und Alice Schmidt*, hg. v. Bernd Rauschenbach (Zürich: Haffmans 1987), S. 259 (Brief Nr. 279 v. 17.12.62).

and Prose of William Blake[95], so daß unklar ist, woher Schmidts Blake-Werkkenntnisse in den Monaten zuvor rühren. Die Erzählung „Die Wasserstraße“ entsteht dann im Januar 1963, also unmittelbar nach Erhalt der Weihnachtsgabe, so daß die Blake-Reflexe in der Erzählung nicht verwundern dürfen. In „Ach, wie gut, daß Niemand weiß...!“ (im November 1963 entstanden) ist wiederum ein Zitat aus Blakes *Jerusalem* zu finden: „Wieso serviert uns BLAKE ganze Schüsseln wohltönender Silblinge wie ‹Bowlahoola & Allamanda›?“[96] In „‹Meine Bibliothek›“ schließlich (geschrieben im April 1964) spöttelt Schmidt über „WILLIAM BLAKE's ‹Marginalien› in die 5 Bücher, die er anscheinend im Lauf seines Lebens gelesen hat“[97].

Danach wird es zunächst ruhiger um Schmidts Blake-Rezeption. In der ersten Hälfte von *Zettel's Traum* gibt es kaum Verweise auf Blake; auf den letzten vierhundert Seiten dann finden sich allerdings zahlreiche Blake-Zitate, was auf eine planmäßige Lektüre in der zweiten Hälfte

---

95 Vgl. Gätjens / Jürgensmeier, *Die Bibliothek Arno Schmidts*, a.a.O., Nr. 490.1; Faksimile der entsprechenden Tagebuchseite in Axel Dunker (Hg.), *Arno Schmidt (1914-1979). Katalog zu Leben und Werk* (München: edition text + kritik 1990), S. 103. – Notizen zur Blake-Lektüre macht Schmidt sich dann am 29. Dezember (Mitteilung von Susanne Fischer aus Unterlagen der Arno Schmidt Stiftung).

96 Arno Schmidt, „Ach, wie gut, daß Niemand weiß...!“, in Bargfelder Ausgabe, Bd. III/4, a.a.O., S. 340-346, hier S. 341. – Vgl. Blake, *Jerusalem*, a.a.O., S. 625 (II. 40): „In Bowlahoola & Allamanda where the Dead wail night & day.“

97 Arno Schmidt, „‹Meine Bibliothek›“, in Bargfelder Ausgabe, Bd. III/4, a.a.O., S. 361-368, hier S. 363. – Die Marginalien in Blakes Büchern (es sind allerdings zwölf und nicht nur fünf) finden sich abgedruckt in Keynes (Hg.), *Poetry and Prose of William Blake*, a.a.O., S. 899-1031.

der sechziger Jahre hindeutet. Zitiert wird mehrmals aus der *Vala*-Dichtung –

- „She hath taken refuge in my bosom, and I cannot cast Her away!"[98]
- „uttering brute sounds"[99]
- „the priest's overgorged abdomen"[100]
- „And in the inner part of the temple, wondrous workmanship [...] intoxicating fumes rolled round the temple"[101]
- „what? are We terrors to one another?"[102]
- „Then rose the Builders [...] Ev'ry hall surrounded by bright Paradises of Delight…"[103]
- „the moon has chambers, where the babes of Love lie hid"[104]
- „The Shadowy Female's sweet delusive Cruelty"[105]
- „The dark Religions are departed, and Sweet Science reigns"[106]

---

[98] Schmidt, *Zettel's Traum*, a.a.O., S. 958 rm. – Vgl. Blake, *Vala, or The Four Zoas*, a.a.O., S. 279.

[99] Schmidt, *Zettel's Traum*, a.a.O., S. 986 lm. – Vgl. Blake, *Vala, or The Four Zoas*, a.a.O., S. 395.

[100] Schmidt, *Zettel's Traum*, a.a.O., S. 1008 ro. – Vgl. Blake, *Vala, or The Four Zoas*, a.a.O., S. 433.

[101] Schmidt, *Zettel's Traum*, a.a.O., S. 1068 rm. – Vgl. Blake, *Vala, or The Four Zoas*, a.a.O., S. 386.

[102] Schmidt, *Zettel's Traum*, a.a.O., S. 1135 rm. – Vgl. Blake, *Vala, or The Four Zoas*, a.a.O., S. 307.

[103] Schmidt, *Zettel's Traum*, a.a.O., S. 1166 rm. – Vgl. Blake, *Vala, or The Four Zoas*, a.a.O., S. 309.

[104] Schmidt, *Zettel's Traum*, a.a.O., S. 1238 ru. – Vgl. Blake, *Vala, or The Four Zoas*, a.a.O., S. 396.

[105] Schmidt, *Zettel's Traum*, a.a.O., S. 1239 ro. – Vgl. Blake, *Vala, or The Four Zoas*, a.a.O., S. 399.

[106] Schmidt, *Zettel's Traum*, a.a.O., S. 1257 mm. – Vgl. Blake, *Vala, or The Four Zoas*, a.a.O., S. 460 (das Ende des Gedichts).

- „Drawn from their own Bowels, in lascivious Delight“[107]

–, außerdem aus den *Songs of Innocence* –

- „pipe a song about a lamb“[108]

–, aus *Milton* –

- „bei ernstlicher Trauer ziehe man die li Sandale ab, und lege sie, zum Zeichen, sich auf den Kopf“[109]
- „the nature of a female space is this: it shrinks the organs of life, till they become finite“[110]

–, aus *Jerusalem* –

- „for I will make their places of joy & love exrementitious!“[111]
- „repose on me till the morning of the grave\y“[112]
- „con'sider sexual organisation, and hide thee in the dust“[113]

---

[107] Schmidt, *Zettel's Traum*, a.a.O., S. 1296 mm. – Vgl. Blake, *Vala, or The Four Zoas*, a.a.O., S. 406.

[108] Schmidt, *Zettel's Traum*, a.a.O., S. 348 mo. – Vgl. William Blake, *Songs of Innocence and of Experience*, in Keynes (Hg.), *Poetry and Prose of William Blake*, a.a.O., S. 49-81, hier S. 51.

[109] Schmidt, *Zettel's Traum*, a.a.O., S. 504 mm. – Vgl. William Blake, *Milton. A Poem in 2 Books to Justify the Ways of God to Men*, in Keynes (Hg.), *Poetry and Prose of William Blake*, a.a.O., S. 464-549, hier S. 476 (I.8): „Then Los took off his left sandal, placing it on his head, / Signal of solemn mourning“.

[110] Schmidt, *Zettel's Traum*, a.a.O., S. 1100 ru. – Vgl. Blake, *Milton*, a.a.O., S. 480 (I.11).

[111] Schmidt, *Zettel's Traum*, a.a.O., S. 517 ro. – Vgl. Blake, *Jerusalem*, a.a.O., S. 730 (IV.88).

[112] Schmidt, *Zettel's Traum*, a.a.O., S. 997 rm, ähnlich 1225 rm. – Vgl. Blake, *Jerusalem*, a.a.O., S. 668 (III.62).

[113] Schmidt, *Zettel's Traum*, a.a.O., S. 1071 ru. – Vgl. Blake, *Jerusalem*, a.a.O., S. 616 (II.34).

- „3 strong sinewy necks & 3 awful & terrible heads [...] to consist in the agreements & disagreements of ideas“[114]
- „chambers of trembling & suspüschn“[115]
- „so=saying, She took a falsehood, & hid it in her left hand; and she hid her hand upon her back, behind her loins“[116]
- „if I were pure? –: never could I taste the sweets of the Forgiveness of Sins!“[117]
- „my loinS, witch are become a fountain of vainy=pipes“[118]

–, aus den „Visions of the Daughters of Albion” –

- „in the folds of his silent pillow“[119]

–, aus „America” –

- „Seeking virginity, you may find it in a harlot“[120]
- „The harlot’s womb oft opened in vain“[121]

---

[114] Schmidt, *Zettel's Traum*, a.a.O., S. 1084 ro. – Vgl. Blake, *Jerusalem*, a.a.O., S. 690 (III.70).

[115] Schmidt, *Zettel's Traum*, a.a.O., S. 1106 ro. – Vgl. Blake, *Jerusalem*, a.a.O., S. 582 (I.18).

[116] Schmidt, *Zettel's Traum*, a.a.O., S. 1224 ru. – Vgl. Blake, *Jerusalem*, a.a.O., S. 716 (IV.82).

[117] Schmidt, *Zettel's Traum*, a.a.O., S. 1284 rm. – Vgl. Blake, *Jerusalem*, a.a.O., S. 666 (III.61).

[118] Schmidt, *Zettel's Traum*, a.a.O., S. 1311 lu. – Vgl. Blake, *Jerusalem*, a.a.O., S. 621 (II.38).

[119] Schmidt, *Zettel's Traum*, a.a.O., S. 955 rm. – Vgl. William Blake, „Visions of the Daughters of Albion. The Eye sees more than the Heart knows“, in Keynes (Hg.), *Poetry and Prose of William Blake*, a.a.O., S. 205-215, hier S. 213.

[120] Schmidt, *Zettel's Traum*, a.a.O., S. 956 mo. – Vgl. William Blake, „America. A Prophecy“, in Keynes (Hg.), *Poetry and Prose of William Blake*, a.a.O., S. 216-227, hier S. 220.

[121] Schmidt, *Zettel's Traum*, a.a.O., S. 957 lu. – Vgl. Blake, „America“, a.a.O., S. 221.

- „pity's become a trade, & generosity a science“[122]

– und aus den Prosafragmenten –

- „A LAKE CALLED OBLIVION“[123]
- „Sweet ELFRID [...] & laid her lillied beauties on the Green“[124]
- „here's a bottle of wind, that I took up in the bog-house“[125]

–; weiterhin finden sich einige nicht zuzuordnende Verweise.[126] Nach *Zettel's Traum* legt sich Schmidts Interesse an Blake offenbar wieder. In dem im Juli 1971 entstandenen Bulwer-Essay „... denn ‹wallflower› heißt ‹Goldlack›“ zitiert Schmidt eine hübsche Sentenz aus den „Proverbs of Hell“, die in Blakes „The Marriage of Heaven and Hell“ enthalten sind: „‹the nakedness of woman is the work of God› (BLAKE)“[127]; in der *Schule der Atheisten* dann finden wir an eindeutigen Blake-

---

122 Schmidt, *Zettel's Traum*, a.a.O., S. 1119 ru. – Vgl. Blake, „America“, a.a.O., S. 223.

123 Schmidt, *Zettel's Traum*, a.a.O., S. 533 mu. – Vgl. William Blake, „[Then she bore pale desire]“, in Keynes (Hg.), *Poetry and Prose of William Blake*, a.a.O., S. 861-864, hier S. 862.

124 Schmidt, *Zettel's Traum*, a.a.O., S. 983 ro. – Vgl. William Blake, „Woe, cried the Muse“, in Keynes (Hg.), *Poetry and Prose of William Blake*, a.a.O., S. 864 f., hier S. 865.

125 Schmidt, *Zettel's Traum*, a.a.O., S. 1073 mm. – Vgl. William Blake, *An Island in the Moon*, in Keynes (Hg.), *Poetry and Prose of William Blake*, a.a.O., S. 865-887, hier S. 883 (Kap. 10).

126 Vgl. Schmidt, *Zettel's Traum*, a.a.O., S. 123 mo (Blake-Fan küßt Türklopfer), 1007 ru („nach BLAKE [...] soll Jesus ne StupsNeese gehabt habm“).

127 Arno Schmidt, „... denn ‹wallflower› heißt ‹Goldlack›“, in Bargfelder Ausgabe, Bd. II/3, a.a.O., S. 317-346, hier S. 329. – Vgl. William Blake, „The Marriage of Heaven and Hell“, in Keynes (Hg.), *Poetry and Prose of William Blake*, a.a.O., S. 190-204, hier S. 193. Auch zitiert in Gilchrist, *Life of William Blake*, a.a.O., S. 70.

Spuren lediglich einen Verweis auf „die BLAKE=Illustrationen zu VIRGIL's ›Pastorals‹"[128], die in Schmidts Ausgabe der Gilchrist-Biographie enthalten und von Schmidt durch Lesezeichen markiert sind[129].

Wieder sehr viel wichtiger für Schmidt wird Blake anschließend in *Abend mit Goldrand*, einem Buch, in dem Mystizismus ja eine große Rolle spielt; die weibliche Protagonisten Ann'Ev' ist in einigen Details an die Figur George William Russell alias A.E. in der Bibliotheksepisode des *Ulysses* angelehnt[130], die wiederum, wie ich bereits erwähnt habe, gerne Blake-Zitate verwendet. Entsprechend sind in *Abend mit Goldrand* einige Zitate aus *Vala, or The Four Zoas* („created for my will"[131]"; „lost in infinite humming"[132]; „in odorous stupefaction"[133] versehen mit dem Zusatz „›Hier ist Hellysium!‹"), aus „The Everlasting Gospel" („›She left her Father's house, to roam / a wand'ring Vagrant without home. / And thus she other's labour stole, / that she might live above Controll. / The Publicans and Harlots she / selected for her Company.‹ – [...] ›Do what You will, this Life's a

---

128 Arno Schmidt, *Die Schule der Atheisten. Novellen=Comödie in 6 Aufzügen*, Bargfelder Ausgabe, Bd. IV/2 (Zürich: Haffmans 1994), S. 23.

129 Vgl. Gilchrist, *Life of William Blake*, a.a.O., S. 1, 19, 36, 43, 52, 65, 77, 99, 121, 175, 198, 225, 233, 255, 277; außerdem Gätjens / Jürgensmeier, *Die Bibliothek Arno Schmidts*, a.a.O., Nr. 490.4.

130 Vgl. Friedhelm Rathjen, „Scylla & Charybdis in Klappendorf? Um eine Joycesche Figurenkonstellation in *Abend mit Goldrand*", in ders., *Dublin ➔ Bargfeld. Von James Joyce zu Arno Schmidt* (Frankfurt a.M.: Bangert & Metzler 1987), S. 56-93, hier S. 69.

131 Schmidt, *Abend mit Goldrand*, a.a.O., S. 108. – Vgl. Blake, *Vala, or The Four Zoas*, a.a.O., S. 316.

132 Schmidt, *Abend mit Goldrand*, a.a.O., S. 125. – Vgl. Blake, *Vala, or The Four Zoas*, a.a.O., S. 317.

133 Schmidt, *Abend mit Goldrand*, a.a.O., S. 138. – Vgl. Blake, *Vala, or The Four Zoas*, a.a.O., S. 377.

Fiction!‹“[134]), aus dem „Book of Los“ („curl’d wantonness“[135]), aus dem „Song of Los“ („shrieks with delight & shakes her hollow womb“[136]) und aus den „Visions of the Daughters of Albion“ („incessantly writhing her soft snowy limbs“[137]) zu entdecken; außerdem beschreibt Schmidt ein Hippiepärchen mit den Worten: „witzige Verzierungen an Hoden und Brüst’n stehen dem Paare wohl, ebmso wie Attitüdn frei nach BLAKE und BOSCH.“[138] Die Verknüpfung Blakes mit dem Mystizismus der Hippiegeneration wird in *Julia, oder die Gemälde* fortgeführt, wo Schmidt eine den Nacktkult pflegende amerikanische Sekte mit Blake in Zusammenhang bringt, den er kennzeichnet als einen „der bedeutenderen Sektierer um 1800: sein Chaos hat zwar nicht Form & Ordnung, aber Substanz; und er kann, zeilenweise, ein wirklicher Dichter sein.“[139] Mit dem letzten Reflex auf

---

[134] Schmidt, *Abend mit Goldrand*, a.a.O., S. 125. – Vgl. William Blake, „The Everlasting Gospel“, in Keynes (Hg.), *Poetry and Prose of William Blake*, a.a.O., S. 131-143, hier S. 143.

[135] Schmidt, *Abend mit Goldrand*, a.a.O., S. 129. – Vgl. William Blake, „The Book of Los“, in Keynes (Hg.), *Poetry and Prose of William Blake*, a.a.O., S. 267-272 (Kap. I, Str. 3).

[136] Schmidt, *Abend mit Goldrand*, a.a.O., S. 176. – Vgl. William Blake, „The Song of Los“,in Keynes (Hg.), *Poetry and Prose of William Blake*, a.a.O., S. 273-276, hier S. 276.

[137] Schmidt, *Abend mit Goldrand*, a.a.O., S. 176. – Vgl. Blake, „Visions of the Daughters of Albion“, a.a.O., S. 207.

[138] Schmidt, *Abend mit Goldrand*, a.a.O., S. 144.

[139] Arno Schmidt, *Julia, oder die Gemälde. Scenen aus dem Novecento*, Bargfelder Ausgabe, Bd. IV/4 (Zürich: Haffmans 1992), S. 19. – Vgl. das Blake-Zitat ebd.: „›She creates at her will a little moony night & silence with spaces of sweet gardens & a tent of elegant beauty, closed in by a sandy desert & a night of stars shining and a little tender moon & hovering angels on the wing; and the male gives a time & revolution to her space till the time of love is passed in ever varying delights. FOR ALL THINGS EXIST IN

Blake in seinem Werk überhaupt – „WILLIAM BLAKE, [scheint] ebenfalls das ›Recht der Hagar‹ beansprucht zu haben“[140] – schlägt Schmidt dann den Bogen zurück zur Joyce-Rezeption, die seine Blake-Rezeption um 1960 erst wieder angestoßen hat, denn diese Information kann er nur aus dem Blake-Essay von Joyce haben[141].

Wenn wir Schmidts gesamte Blake-Rezeption von 1938 bis 1979 Revue passieren lassen, so scheinen für die „Wasserstraße“ vor allem zwei Texte Blakes von Belang zu sind: das „Book of Thel“ und *Vala, or The Four Zoas*. Die Titelfigur des „Book of Thel“ ist eine trübsinnige weibliche Gestalt, die mit ihrer Vergänglichkeit und ihrer unbedeutenden Rolle in der Welt hadert. Das Motto des Textes –

> Does the Eagle know what is in the pit?
> Or wilt thou go ask the Mole?
> Can Wisdom be put in a silver rod?
> Or Love in a golden bowl?[142]

– könnte auf den Anfang der „Wasserstraße“ abgefärbt haben, wo der Erzähler „astigmatischen Adlerblix“ (425) in den Himmel schaut, bevor er zum Geschehen auf der Erde zurückkehrt. In der ersten Strophe des „Book of Thel“ –

> The daughters of the Seraphim led round their sunny flocks,

---

THE HUMAN IMAGINATION!‹“ Schmidt zitiert Blake hier nach Gilchrist, *Life of William Blake*, a.a.O., S. 210.

140 Ebd., S. 126.

141 Vgl. Joyce, „William Blake“, a.a.O., S. 218: „It is even true, as I said before, that Blake almost followed Abraham’s example of giving to Hagar what Sarah refused.“

142 Blake, „The Book of Thel“, a.a.O., S. 168.

All but the youngest: she in paleness sought the secret air;
To fade away like morning beauty from her mortal day:
Down by the river of Adona her soft voice is heard,
And thus her gentle lamentation falls like morning dew[143]

– finden wir weitere Motive, die in der „Wasserstraße" wieder auftauchen: das Tochtermotiv, das Vergänglichkeitsmotiv und in der Wendung „Down by the river" gewissermaßen auch schon das Handlungsgerüst von Schmidts Erzählung. An diesem Fluß trifft die trübsinnige Thel auf das Maiglöckchen, das versucht, sie zu trösten, indem es ihr zeigt, daß es viel vergänglichere und geringere Wesen gibt, die aber doch an ihrem Leben hängen:

The Lilly of the valley, breathing in the humble grass,
Answer'd the lovely maid and said: "I am a wat'ry weed,
And I am very small and love to dwell in lowly vales;
[...] Then why should Thel complain?
Why should the mistress of the vales of Har utter a sigh?"[144]

Bei Thel verfängt das allerdings nicht; sie hält dem Maiglöckchen entgegen:

But Thel is like a faint cloud kindled at the rising sun:
I vanish from my pearly throne, and who shall find my place?[145]

[143] Ebd.
[144] Ebd., S. 168 f.
[145] Ebd., S. 169.

Die „rising sun“ ist jene Sonne, in die Franz in der „Wasserstraße“ „astigmatischen Adlerblix“ hinaufsieht; dem „pearly throne“ sind womöglich die „*Perlmuscheln*“ (439) entnommen, nach denen Schmidts Wasserwanderinnen allerdings vergeblich suchen. Am Ende von Blakes Text darf Thel einen Blick in ihr eigenes Grab werfen und fährt entsetzt zurück.

Der andere wichtige Blakesche Referenztext für die „Wasserstraße“ ist das schon mehrfach genannte *Vala*, auch *The Four Zoas* überschrieben. Das titelgebende Geviert erinnert daran, daß Schmidt seine Wasserstraße ja auch von vier Personen abwandern läßt; es ist allerdings schwer, sich in Blakes Text hinreichend zu orientieren, um eine schlüssige Zuordnung versuchen zu können. Die vier Zoas sind Blakes selbsterfundener Mythologie zufolge die vier Universen, die das Universum des Schöpfers Los umgeben; wie das genau aussehen soll, ist am besten einer Illustration zu entnehmen, die Blake zu seiner Dichtung *Milton* geliefert hat[146]:

[146] Entnommen aus William Blake, *Milton*, a.a.O., S. 532 (II.38).

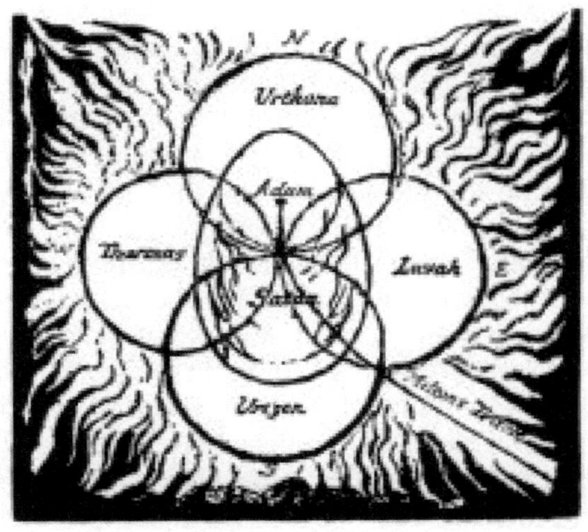

Four Universes round the Universe of Los remain Chaotic,
Four intersecting Globes, & the Egg form'd World of Los

Diese Zeichnung erinnert gewiß ein wenig an Arno Schmidts *Sitara*-Zeichnung und auch an die mathematische Dreieckszeichnung in *Finnegans Wake*[147], doch diesem Zusammenhang kann an dieser Stelle nicht auf den Grund gegangen werden; für die „Wasserstraße" ist vielleicht eher das Ei von Belang, das die Welt von Los bildet, immerhin ist in Schmidts Text einmal von einem absonderlichen Ei die Rede, in dem „ein wriggel=lebendijer Ohrwurm" (440) steckt. Los ist der Meister des Lichts und Herr über die Zeit, außerdem das göttlich-schöpferische Prinzip der Welt; allerdings liegt er in Ketten, und in einem Dauerkonflikt steht er Urizen gegenüber, dem bösartigen Herrn der Welt und Verfechter

[147] Vgl. Schmidt, *Sitara und der Weg dorthin,* a.a.O., nach S. 26; Joyce, *Finnegans Wake*, a.a.O., S. 293.

einer restriktiven Moral und ungerechter Gesetze. Der Konflikt zwischen Los und Urizen findet nach Blakes Vorstellung in jedem einzelnen Blatt der Natur und in jedem Staubatom statt – es fällt nicht schwer, hier an Schmidts Leviathansprinzip zu denken. Urizen steht außerdem für den Verstand, er ist einer der vier Zoas; die anderen drei sind Urthonah (Spirit), Luvah (Leidenschaft) und Tharmas (Körper); der Versuchung, diese vier Instanzen mit Schmidts pseudofreudianischem Vier-Instanzen-Modell zu verknöpfen, möchte ich vorsichtshalber widerstehen. Urizen verfügt weiterhin über einen Abgesandten oder Erzengel, Enitharmon geheißen, der meist weiblicher Gestalt und in dieser die leibliche Frau von Los ist.

Freunde von Symbolen (vor allem solcher, die als Binärsysteme auftreten) werden in Blakes ‚prophetischen' Dichtungen ohne Schwierigkeit etliche Elemente auffinden können, die sich mit Schmidts „Wasserstraße" verknüpfen lassen: Licht und Schatten, Himmel und Hölle, Berge und Täler und so weiter. Statt dessen möchte ich hier nur auf eine Textstelle bei Schmidt hinweisen, die einen ganz konkreten Zusammenhang mit Blakes Text offenbart. Im siebten Abschnitt fliegen Wildenten auf und erschrecken Felix und die beiden Frauen:

> : Schwrrr!!! so fuhren die Drei zurück! (Hel ‹instinktiv› gegen mich; und ich legte ihr beruhigend die Hände an beide Hüften, (als wollte ich sie aushosen, (was ich ja vielleicht auch wollte): wie gut, daß mein, nennen wir's ‹Arm›, schon zu schwach war, um auch nur 1 Bruchteil meiner Einfälle ausführen zu können!).
> (447)

Diese Stelle ist offenbar auf eine Passage in *The Four Zoas* bezogen, an der Los, der bisweilen gewalttätig ist, Enitharmon verletzt hat:

Los saw the wound of his blow: he saw, he pitied, he wept.
Los now repented that he had smitten Enitharmon; he felt love
Arise in all his Veins; he threw his arms around her loins
To heal the wound of his smiting.[148]

Eine Wunde hat Hel in der „Wasserstraße“ ja auch: „Wieso blutete Hel da am Bein?: »Gib ma her, Du: Dich werd’ich pädiküren, daß Du’s bis an Dein selig Ende spüren sollst.«“ (442)) Zudem hat Hel ihre Regelblutung, und wenn wir die Quelle der titelgebenden Wasserstraße als Vagina lesen (was zweifellos auf einer Ebene des Textes angebracht ist), so müßte der Fluß bald rot vor Blut sein – eben diese Vision wird kurz nach der eben zitierten Stelle in Blakes *Vala*-Dichtung entworfen:

Ephraim call’d out *to Zion:* ‘Awake, O Brother Mountain!
Let us refuse the Plow & Spade, the heavy Roller & spiked
Harrow; burn all these Corn fields, throw down all these fences!
Fatten’d on Human blood & drunk with wine of life is better far
Than all these labours of the harvest & the vintage. See the river,
Red with the blood of Men, swells lustful round my rocky knees;
My clouds are not the clouds of verdant fields & groves of fruit,
But Clouds of Human Souls: my nostrils drink the lives of Men.’[149]

[148] Blake, *Vala, or The Four Zoas*, a.a.O., S. 292.

3: Borrowed Field

George Borrow (1803-81) scheint recht spät von Schmidt entdeckt worden zu sein, was ein wenig schade ist, denn in Borrows Biographie hätte Schmidt manche Umstände der eigenen gespiegelt sehen können, was ihm bekanntlich immer wichtig war. Borrow ist der Sohn eines Berufssoldaten, deshalb zieht die Familie ständig um, und der Junge besucht insgesamt nur drei oder vier Jahre die Schule. Das verhindert nicht, daß Borrow schon als Zwanzigjähriger mindestens zwölf Sprachen beherrscht, später werden es etwa dreißig sein. Als 1824 der Vater stirbt, geht Borrow nach London, schlägt sich mit Brotarbeiten durch, übersetzt unter anderem Klingers *Fausts Leben, Thaten und Höllenfahrt* und Balladen von Öhlenschläger und arbeitet als Lohnschreiber an einem vielbändigen Werk über berühmte Kriminelle: nach seinem eigenen Zeugnis erscheint als erstes der Band *Life and Adventures of Joseph Sell, the great traveller.*[150] Für die British and Foreign Bible Society ist Borrow 1833-35 in St. Petersburg, 1835-40 dann in Portugal und Spanien unterwegs; über seine Erlebnisse veröffentlicht er 1841 das Buch *The Zincali*, 1843 folgt *The Bible in Spain*. 1840 heiratet er die Witwe eines Offiziers, die eine Tochter mit in die Ehe bringt; als bekannteste Bücher Borrows erscheinen 1851 *Lavengro*, 1857 *The Romany Rye* und 1862 *Wild Wales*.

Letztgenanntes erwirbt Schmidt als sein offenbar erstes Borrow-Buch 1960, wenn wir seinem Eintrag im Vorsatz glauben dürfen[151]; Auswirkungen hat das erst einmal

---

[149] Ebd., S. 293 f.

[150] Vgl. Borrow, *Lavengro*, a.a.O., S. 290 (Kap. 55).

[151] Vgl. Gätjens / Jürgensmeier, *Die Bibliothek Arno Schmidts*, a.a.O., Nr. 491.5.

nicht. Im September 1962 kauft sich Schmidt *Lavengro*[152], am 16. November jenes Jahres zwei weitere Borrow-Bände (vermutlich *The Bible in Spain*[153] und *The Romany Rye*[154]); anschließend vermerkt er im Tagebuch mehrmals die Lektüre von *Wild Wales* (er findet das Buch „gut!“).[155] In *Sitara* spricht Schmidt von Karl Mays „‹Romany=Rye›=Jahre[n]“[156], was nahelegt, daß er zu dieser Zeit (die May-Studie wird zwischen August und November geschrieben) zumindest eine Vorstellung hat, worum es in Borrows autobiographischen Romanen geht: um eine Art Zigeunerleben nämlich. Spätestens im Januar 1963 muß Schmidt Borrow gründlich gelesen haben, sonst sähe die „Wasserstraße“ nicht so aus, wie sie aussieht; Ende des Monats dann (also unmittelbar nach Abschluß der Erzählung) rät Schmidt Wilhelm Michels:

> Da Du immer Abiturthemen suchst: sieh Dir doch mal die Bücher des GEORGE BORROW an: ›Lavengro; Romany Rye; Wild Wales; Bibel in Spain; Zincali‹; (die ersten 4 in Everyman, das letzte in MURRAY=Paperbacks; ergo leicht zugänglich). Die sind sämtlich aus kleinen 2-4 Ss. langen anekdotischen Portiönchen komponiert; (und überdem gut & nützlich zu lesen – vermutlich wirst Du einiges davon sowieso kennen). –“[157]

Im Februar des selben Jahres stellt Schmidt seinen Carroll-Essay „Sylvie & Bruno“ fertig, in dem er sich Kalenderblätter mit literarischen Verweisen drauf

---

[152] Vgl. ebd., Nr. 491.2.

[153] Vgl. ebd., Nr. 491.1.

[154] Der Erwerb war bisher nicht zu datieren. Vgl. ebd., Nr. 491.4.

[155] Datierungen nach Unterlagen der Arno Schmidt Stiftung, für deren Mitteilung ich Susanne Fischer danke.

[156] Schmidt, *Sitara und der Weg dorthin*, a.a.O., S. 229.

[157] Schmidt, *Der Briefwechsel mit Wilhelm Michels*, a.a.O., S. 262 (Nr. 283 vom 28.1.63).

wünscht: Carroll möchte er so gewürdigt sehen, Joyce und eben seine neue Entdeckung:

> Und im JULI gehörte eines GEORGE BORROW: vorne drauf 'ne gutebunte Landkarte, ‹Llangollen & Umgebung›, Maßstab 1:126723 (allein das ‹Warum?› dieses So würde dem Ein= & Anderen Sinnigen auch gleich wieder etwas zu denken geben). Hinten ein Porträtlein des ‹Romany Rye›; Biogramm; Werksverzeichnis, (alles möglichst knappe, ungeflügelte Worte).[158]

Nun ist Borrow keineswegs in Llangollen geboren, Schmidts Ortswahl muß also einen anderen Hintergrund haben. Bei dem Ort handelt es sich um jenes Städtchen in Wales, in dem Borrow 1854 sein Hauptquartier aufschlägt, als er Wales erforschen will.[159] Wales scheint also das eine Thema zu sein, mit dem Schmidt Borrow zu dieser Zeit identifiziert, und das andere ist offenbar die Zigeunersprache oder überhaupt die Mehrsprachigkeit, wie eine Anspielung in der ungefähr gleichzeitig entstandenen Erzählung „Die Abenteuer der Sylvesternacht“[160]

---

[158] Schmidt, „Sylvie & Bruno“, a.a.O., S. 247.

[159] Vgl. Borrow, *Wild Wales*, a.a.O., S. 24 (Kap. 5): „On the afternoon of Monday I sent my family off by the train to Llangollen, which place we had determined to make our headquarters during our stay in Wales. I intended to follow them next day, not in train, but on foot, as by walking I should be better able to see the country, between Chester and Llangollen, than by making the journey by the flying vehicle.“

[160] Vgl. Arno Schmidt, „Die Abenteuer der Sylvesternacht“, in Bargfelder Ausgabe, Bd. I/3, a.a.O., S. 455-474, hier S. 460: „(naja, er hatte eben nich umsonst im letzten Jahr 2 Ganovenromane übersetzt, nischt wie Katzenhäuser & Heroinkeller, und war dadurch, Potz Romany & Shelta, etwas vor gekommen); abgesehen davon, daß er, im Gegensatz zu mir, die vielsprachige Literatur ausgesprochen liebte, so man um Rollfilme antrifft; oder auf Kohlepapier-

andeutet. Ein weiterer, etwas verzwickterer Reflex auf die Borrow-Lektüre findet sich auch in der letztentstandenen von Schmidts ländlichen Erzählungen, „Caliban über Setebos“: dort läßt der Protagonist Düsterhenn auf der Flucht vor den Lesben „blutenden Herzens den köstlichen SYNTAX mitsamt Täschchen fallen“[161], wobei das Reimlexikon für den Pferdeschwanz steht, der in dem geheimen Referenztext, nämlich Robert Burns' „Tam o' Shanter“, den verfolgenden Hexen zum Opfer fällt.[162] Was aber hat ein „Syntax“ mit einem Pferdeschwanz zu tun? Des Rätsels Lösung findet sich in Borrows *The Romany Rye*, wo Petulengro dem Erzähler anläßlich eines Pferdeschwanzes erläutert: „No good bred horse ever yet carried a fine tail – 'tis your scrubby-tailed horses that are your out-and-outers. Did you ever hear of Syntax, brother? That tail of his puts me in mind of Syntax.“[163]

---

kartons.“ – Diese Erzählung schreibt Schmidt im März 1963; „Romany“ und „Shelta“ sind Zigeuner- und Geheimsprachen, die Borrow beherrschte.

[161] Schmidt, „Caliban über Setebos“, a.a.O., S. 537. – Diese Erzählung entstand April / Mai 1963.

[162] Vgl. Axel Dunker, „‚Njus fromm hell‘. Dualistische Prinzipien in Schmidts Erzählung ‚Caliban über Setebos‘“, in *Bargfelder Bote*. Lfg. 146-147 / Juni 1990, S. 3-26, hier S. 4. Außerdem Friedhelm Rathjen, „Smithereens. Zum Nach(t)leben von James Joyce, Robert Burns und Thorne Smith in ‚Caliban über Setebos‘“, in Robert Weninger (Hg.), *Wiederholte Spiegelungen. Elf Aufsätze zum Werk Arno Schmidts* (München: edition text + kritik 2003), S. 129-154, hier S. 134; Nachdruck in *Westwärts. Arno Schmidt und die amerikanische Literatur* (Scheeßel: Edition ReJoyce 2007), S. 129-153, hier S. 133 f.

[163] Borrow, *The Romany Rye*, a.a.O., S. 98 (Kap. 15). – Hintergrund dieser Szene sind offenbar drei Bücher von William Combe: *The Tour of Dr. Syntax in Search of the Picturesque* (1809), *The Second Tour of Dr. Syntax in Search of Consolation* (1820), *The Third Tour of Dr. Syntax in Search of a Wife* (1821).

In *Zettel's Traum* gibt es ein gutes Dutzend offene Anspielungen auf George Borrow; sie beziehen sich etwa zur Hälfte auf Titel oder Textstellen von *The Romany Rye*, sonst vielfach auf *Zincali*, ein Buch über spanische Zigeuner, das Schmidt erst 1966 erwirbt[164] und dem er Details zur Zigeunersprache entnimmt, die für ihn in *Zettel's Traum* wichtig sind[165]. An drei Stellen benutzt

---

[164] Vgl. Gätjens / Jürgensmeier, *Die Bibliothek Arno Schmidts*, a.a.O., Nr. 491.6; der dort angegebene Titel *The Zinkali* ist nicht korrekt, das Buch trägt den Titel *The Zincali.*

[165] Vgl. Schmidt, *Zettel's Traum*, a.a.O., S. 301 ro „BORROW's 'Zincali' könnte POE, ohne sich zu überanstrengn, gekannt habm", S. 301 mo: „dort ist die Rede von 'lácha' = romany 'Coischheit der Frauen'"; vgl. dazu George Borrow, *Zincali. An Account of the Gypsies of Spain* (London / New York: Dent / Dutton 1914), S. 177 (Teil II, Kap. 7): „There is a word in the Gypsy language to which those who speak it attach ideas of peculiar reverence [...]. This word is *Lácha*, which with them is the corporeal chastity of the females". – Die Zigeunersprache Romany ist ohne offenen Hinweis auf Borrow an mindestens neun Textstellen Thema. Vgl. Schmidt, *Zettel's Traum*, a.a.O., S. 28 lm, 301 mo, 436 mm, 524 mu, 525 mu, 574 mm, 592 mu, 685 lm, 837 ru. (Stellenangaben nach Dieter Stündel, *Register zu Zettels Traum. Eine Annäherung* (München: edition text + kritik 1974), S. 389.) Nicht immer allerdings ist Borrow tatsächlich Schmidts Quelle solcher Roma-Vokabeln, und zwar selbst dann nicht, wenn der Name Borrow fällt. Rudi Schweikerts Vermutung, die Romani-Zählung von eins bis zehn (vgl. Schmidt, *Zettel's Traum*, a.a.O., S. 221 lu) stamme trotz des Verweises „nach G. BORROW" *nicht* aus Borrows Büchern, trifft zu; vgl. Rudi Schweikert, „Zählen in *Zettel's Traum*. Sprachen-Artikel des ‚Pierer' als Quelle für ein kleines Erzähl-Element Arno Schmidts", in ders., *Das gewandelte Lexikon. Zu Karl Mays und Arno Schmidts produktivem Umgang mit Nachschlagewerken* (Wiesenbach: Bangert & Metzler 2002), S. 259-270, hier S. 268. – Rein assoziative Namens- oder Titelnennungen finden sich: Schmidt, *Zettel's Traum*, a.a.O., S. 165 ro, 392 ro (Borrow als Quelle angegeben, allerdings nicht zu verifizieren) 401 rm, 436 rm. Die ebd., S. 300 ru, zu findende Gegenüberstellung „Gorgio [...]

Schmidt *The Romany Rye* als Beleg für die zeitgenössische Bekanntheit von Imre Thököly bzw. Tekeli im Rahmen seiner Poe-Analyse[166]; *Wild Wales* wird nur noch einmal angespielt und zu einem obszönen Kalauer zweckentfremdet („'veiled vales' = furschleierte (Geni) 'tälchen [...] 'WILD WALES'"[167]); außerdem verweist Schmidt auf „BORROW's 'touching'" (gemeint ist die Schriftstellerfigur mit dem Berührungszwang) als Beleg für „Unsre Teori der AnthroPOEmorphisierung"[168], und Dän malt sich seine Zukunft mit Franziska aus: „Ich= Mitt=Ihr, GEORGE BORROW lèsn..."[169]. Die Fundstellen sind zumeist ausgesprochen unerheblich.

Das „touching"-Motiv taucht in der *Schule der Atheisten* noch einmal auf („der, gradezu ›klassische‹, Fall von BerührungsZwang!; (der ›toucher‹, mit der ›MutterFixiertheit‹): [...] Kapitel 63–67 kann man analysier'n, wie wenn sichs um ein'n richtijn Patientn handelte"[170]); Schmidt erkennt in der Initialszene der entsprechenden Episode von *Lavengro* eine „Umbildung=Verwandlung von ›Menschen in Bäume‹"[171]. Unmittelbar zuvor in der *Schule der Atheisten* zitiert Schmidt eine andere Stelle aus *Lavengro*, in der es darum geht, wie schön es wäre, „if ›divine &

'romany'" rührt offenbar von der Verwendung und Erklärung dieser Begriffe in Kapitel 17 von *Lavengro* her.

166 Vgl. Schmidt, *Zettel's Traum*, a.a.O., S. 11 mu/ru, 36 lo/ro, 252 rm. – Die von Schmidt zitierte Stelle stammt aus Kap. 38 von *The Romany Rye*.

167 Schmidt, *Zettel's Traum*, a.a.O., S. 180 ru.

168 Ebd., S. 1095 mm. Vgl. auch ebd., S. 1238 mm: „Andrerseits war DR.JOHNSON genau so 'n schwerer 'toucher' gewesn, wie GEORGE BORROW…".

169 Ebd., S. 1021 ro.

170 Schmidt, *Die Schule der Atheisten*, a.a.O., S. 146.

171 Ebd., S. 147. Das nachfolgende längere Zitat stammt aus Borrow, *Lavengro*, a.a.O., S. 325 f. (Kap. 64).

develish‹ were originally one & the same word“[172]. Diese Idee aus der Roma-Folklore paßt Schmidts insofern gut ins Konzept, als er in der „Wasserstraße“ unterschwellig Himmel und Hölle in eins setzt, und zwar durchaus auch in der Nachfolge von Blake.

Nachdem Schmidt in „Der Vogelhändler von Imst“ auf eher ephemere Weise auf Borrow verwiesen hat („Hm, GEORGE BORROW, (geboren 1802), kannte Einen, der Einen gekannt hatte, Der königliche Reiter in Richtung Raseby, 1645, ausziehen sah“[173]), folgt dann *Abend mit Goldrand*, wo nicht nur Blake, sondern eben auch Borrow noch einmal ausgiebig zitiert wird. Es finden sich Splitterzitate aus *Lavengro* („ghostly advice“[174]), *The Romany Rye* („All things are doomed to terminate in sleep“[175]), *Wild Wales* („Sleep, Sin and Old Age“[176]) und *The Bible in Spain* („dàs iss Das Glied, wie es sein soll; meingott, like an insane barber!“[177]). Wichtiger ist eine Stelle, an

---

172 Schmidt, *Die Schule der Atheisten*, a.a.O., S. 146. Vgl. Borrow, *Lavengro*, a.a.O., S. 112 (Kap. 17). – Quellennachweis der Borrow-Zitate in der *Schule der Atheisten* zuerst durch Hans-Michael Bock in Leibl Rosenberg, *Das Hausgespenst. Ein begleitendes Handbuch zu Arno Schmidts „Die Schule der Atheisten“* (München: edition text + kritik 1977), S. 147 f.

173 Arno Schmidt, „Der Vogelhändler von Imst. Gespräch über Carl Spindler, sowie über die Historie im Roman“, in Bargfelder Ausgabe, Bd. II/3, a.a.O., S. 347-388, hier S. 373.

174 Schmidt, *Abend mit Goldrand*, a.a.O., S. 42. – Vgl. Borrow, *Lavengro*, a.a.O., S. 390 (Kap. 74).

175 Schmidt, *Abend mit Goldrand*, a.a.O., S. 62. – Vgl. Borrow, *The Romany Rye*, a.a.O., S. 137 (Kap. 22).

176 Schmidt, *Abend mit Goldrand*, a.a.O., S. 13. – Vgl. Borrow, *Wild Wales*, a.a.O., S. 334 (Kap. 58).

177 Schmidt, *Abend mit Goldrand*, a.a.O., S. 209. – Vgl. George Borrow, *The Bible in Spain; or, the Journeys, and Imprisonments of an Englishman in An Attempt to Circulate the Scriptures in The Peninsula* (London / New York: Dent / Dutton 1906), S. 254 (Kapiteltitel zu Kap. 28).

der A&O sich „dem passioniertn ›QuellenTrinker‹ GEORGE BORROW“[178] widmet und anhand einer längeren Passage aus dem Kapitel 88 von *Wild Wales* vorführt, wie sehr es Borrow danach drängt, walisische Berge zu besteigen, um aus den Quellen des Severn zu trinken – ein Drang, der natürlich als sexuell unterfütterter gedeutet wird. Wichtig für unser Zwecke ist diese Stelle, weil Olmers anfügt: „Ich hab’ übrijns letzthin auch ne neuere Geschichte gelesn: wo Einer an einem schmalen Gewässer hinauf bis zur Quelle wandert – (2 begleitende Frauen sogar in der WasserStraße drinnen waden) – der Quellgrund ist eine Wiese, grün & straff, ein Biotop (Biotopp), undsoweiter.“[179] Es ist klar, daß damit Schmidts Erzählung „Die Wasserstraße“ gemeint ist, auch wenn die Details nicht ganz stimmen: Es geht ja nicht „Einer“ das Schmalwasser hinauf, sondern zwei Wanderer tun dies, und zudem erreichen sie eben nicht den Quellgrund, sondern nur den Traktorentanzplatz. Schmidts Wanderer tun also keineswegs das, was Borrow in Wales vollbringt, wenn er sagen kann: „here, and here only, is the true source. Therefore stoop down and drink, in full confidence that you are taking possession of the Holy Severn.“[180] Verrät Schmidt, indem er den „QuellenTrinker“ Borrow mit seiner eigenen „Wasserstraße“ verknüpft, in *Abend mit Goldrand* den eigentlichen Grund für die massive Präsenz Borrows in der ein gutes Jahrzehnt zuvor

---

[178] Schmidt, *Abend mit Goldrand*, a.a.O., S. 84. – Das anschließende Langzitat stammt aus Borrow, *Wild Wales*, a.a.O., S. 493-496 (Kap. 88).

[179] Schmidt, *Abend mit Goldrand*, a.a.O., S. 84.

[180] Borrow, *Wild Wales*, a.a.O., S. 495 (Kap. 88). – Zu Borrows Beweggründen vgl. ebd., S. 493: „It is not only necessary for me to see the sources of the rivers, but to drink of them, in order that in after times I may be able to harangue about them with a tone of confidence and authority.“

entstandenen Erzählung? Es klingt zwar plausibel, dennoch sind Zweifel womöglich angebracht; unter den vielen Episoden aus Borrows Werken, die in der „Wasserstraße“ anzitiert werden, ist die Quellentrinkerepisode gerade nicht. Es ist deswegen nicht auszuschließen, daß Schmidt den Konnex erst nachträglich herstellt.[181]

Warum Borrow in *Abend mit Goldrand* präsent sein muß, ist einfacher zu klären. In diesem Roman geht es um nomadisierende Aussteiger, und an einer Stelle sagt A&O:

> Ch hab mir sagn lassn, daß HERMANN HESSE bei diesn Hippies viel gelte: wenn se da erst werdn GEORGE BORROW entdeckn [...]: Das sind doch alles Wesen, die nur in der Rotte existieren können; [...] ›ein Durchschlagen des altn NomadnHasses gegn feste Häuser etcetera‹? [...] Ich würde eher meinen, ›gegn Arbeit=überhaupt‹.[182]

Drei letzte Reflexe auf Borrow finden sich schließlich in Schmidts letztem Buch *Julia, oder die Gemälde*. Zunächst wird in einem John-Buchan-Zitat Borrows *The Bible in Spain* als Hauslektüre genannt[183], dann bringt Schmidt noch einmal seinen schlüpfrigen Kalauer „Veiled Vales (Wild Wales)“[184] an, und schließlich ist noch einmal die

---

[181] Keinen rechten Aufschluß bringt dazu eine einschlägige Stelle in *Zettel's Traum*, an der es von Paul heißt: „Er Trnka'Dte vom Wasser=Sei'ner Kvinne: 'hFFf-.“ (Schmidt, *Zettel's Traum*, a.a.O., S. 11 mu.) Rechts daneben wird auf George Borrow als Quelle verwiesen, allerdings bezieht sich dieser Verweis auf die unmittelbar vorausgegangene „Tekeli“-Stelle; als Verweisquelle genannt wird zudem *The Romany Rye* und nicht *Wild Wales* – und „Kvinne“ ist norwegisch nicht für ‚Quelle‘, sondern für ‚Frau‘!

[182] Schmidt, *Abend mit Goldrand*, a.a.O., S. 128.

[183] Vgl. Schmidt, *Julia, oder die Gemälde*, a.a.O., S. 17 f.: „On Sundays it was a rule, that secular books were barred, but [...] we had *The Bible in Spain*; and above all we had BUNYAN.“

[184] Ebd., S. 76.

Rede von den „Wasser=Scheiden und =Felle[n] wie beim BORROW; Der auch jedwedes Gerinne bis zu seiner Quelle verfolgen, dort den Mund dran legen, und aus dem haarichst'n Moo\eese schlürfen mußte, zwanghaft"[185]. Aber ist dieser Zwang derjenige, dessentwegen Borrow die „Wasserstraße" nähren muß?

Mindestens eine Zwangshandlung gibt es in der Tat in der „Wasserstraße". Als Felix einmal „mehreren Erlenruten Stipse" versetzt, kommentiert der Erzähler das mit den Worten: „‹Rechtsausleger mit Berührungszwang›" (433). Ebenfalls zu einer Borrow-Figur wird Felix, als Franz ihm folgendermaßen begegnet: „Ich musterte ihn dafür kalt: ein Mensch, dessen eines Auge kleiner war, als das andere=pff!" (435) In *Lavengro* muß der Erzähler sich nämlich einmal von einem Armenier sagen lassen: „there is certainly a kind of irregularity in your features. One eye appears to me larger than the other – never mind, but rather rejoice; in that irregularity consists your strength."[186] Demnach könnte Felix zumindest zeitweise die Rolle des Ich-Erzählers von *Lavengro* spielen – und das tut er wohl auch mit seinem obszönen Spazierstocktrick, der Schmidts Erzähler sichtlich verblüfft: „Mein Blick wurde immer starrer: wieso hielt sich der Stock denn so? Schräg vor seinem Körper! Im Hosenschlitz: jaaberdaswardoch! Der Kerl hatte doch keinen Greif=Schwanz!! –:" (435) Dieser „Greif=Schwanz" ist eine Art Schlange; eine solche zähmt sich der jugendliche Lavengro und kann damit ebenfalls einen verblüfften Starrblick heraufbeschwören, als ihn Zigeuner bedrohen wollen:

> I had made a motion which the viper understood; and now, partly disengaging itself from my bosom, where

---

[185] Ebd., S. 77.

[186] Borrow, *Lavengro*, a.a.O., S. 265 (Kap. 49).

> it had lain perdu, it raised its head to a level with my face, and stared upon my enemy with its glittering eyes.
> The man stood like one transfixed, and the ladle with which he had aimed a blow at me, now hung in the air like the hand which held it: his mouth was extended, and his cheeks became of a pale yellow, save alone that place which bore the mark which I have already described, and this shone now portentously, like fire.[187]

Es lassen sich noch einige solche Detailparallelen zwischen der „Wasserstraße“ und den Büchern Borrows auffinden; beispielsweise verweist das „‹Das Land der Feuersteine›“ (445), durch das die Wasserwanderung führt, auf die Episode um „The Six Flint Stone“ in *The Romany Rye*[188]; der bei Schmidt erwähnte Band „KNAPP’s ‹Geistlicher Liederschatz›“ (452) enthält einen versteckten Verweis auf Borrows Biographen W. I. Knapp[189]; die „Tinte, wie aus Haidelbeersaft“ (454), in der der Steckbrief am Ende der „Wasserstraße“ abgefaßt ist, ist wohl die selbe, die ein Poet namens „Tom of the Dingle“ sich seiner Selbstauskunft gemäß aus Holunderbeeren hergestellt hat[190]. Die umfassendste Parallele an der Oberfläche der Texte ergibt sich jedoch aus der Art und Weise, wie die lange Episode des Zusammenlebens

---

[187] Ebd., S. 36 (Kap. 5).

[188] Vgl. Borrow, *The Romany Rye*. S. 127 (Kap. 21). – In *Wild Wales* kommt zudem oft die Grafschaft Flintshire vor.

[189] Vgl. W. I. Knapp, *The Life, Writings and Correspondence of George Borrow*, 2 Bde. (London: John Murray 1899). Knapp hat zur Jahrhundertwende auch Ausgaben von *Lavengro* und *The Romany Rye* veranstaltet.

[190] Vgl. Borrow, *Wild Wales*, a.a.O., S. 338 (Kap. 59): „as soon as I had learnt to spell and read a few words, I conceived a mighty desire to learn to write; so I went in quest of elderberries to make me ink”. Die Buchstaben läßt Tom sich vom Schmied vorschreiben.

von *Lavengro* mit Isopel Berners (die in *Lavengro* beginnt und erst in *The Romany Rye* endet) eingeführt wird. Lavengro hat sein Lager in einem „dingle“ (diese Vokabel für einen bewaldeten Talgrund läßt sich übrigens ohne viel Mühe zum „betriebsame[n] ELDINGEN“ (428) ummodeln) aufgeschlagen, und eines Tages tauchen hier drei Gestalten auf, die folgendermaßen beschrieben werden:

> I do not remember ever to have seen a more ruffianly-looking fellow; he was about six feet high, with an immensely athletic frame; his face was black and bluff, and sported an immense pair of whiskers, but with here and there a grey hair, for his age could not be much under fifty. He wore a faded blue frock-coat, corduroys, and highlows – on his black head was a kind of red nightcap, round his bull neck a Barcelona handkerchief – I did not like the look of the man at all. [...] But other figures were now already upon the scene. Dashing past the other horse and cart, which by this time had reached the bottom of the pass, appeared an exceedingly tall woman, or rather girl, for she could scarcely have been above eighteen; she was dressed in a tight bodice and a blue stuff gown; hat, bonnet, or cap she had none, and her hair, which was flaxen, hung down on her shoulders unconfined; her complexion was fair, and her features handsome, with a determined but open expression – she was followed by another female, about forty, stout and vulgar-looking, at whom I scarcely glanced, my whole attention being absorbed by the tall girl. [...] “None of your Rommany chies, young fellow,” said the tall girl, looking more menacingly than before, and clenching her fist; “you had better be civil, I am none of your chies; and though I keep company with gypsies, or, to speak more proper,

> half and halfs, I would have you to know that I come of Christian blood and parents, and was born in the great house of Long Melford."
>
> "I have no doubt," said I, "that it was a great house; judging from your size, I shouldn't wonder if you were born in a church."[191]

Es handelt sich also um einen athletischen Hünen (er heißt Jack und wird später meist der „Flaming Tinman" oder auch „Blazing Tinman" genannt) in Begleitung zweier Frauen, der ältlichen und drallen Moll und der jungen, auffällig großen Isopel. Überflüssig zu sagen, daß diese Konstellation recht genau die drei Begleiter Franzens in der „Wasserstraße" abbildet; allerdings stellt sich bald heraus, daß Isopel Berners keineswegs die Tochter der beiden anderen ist; sie hilft dem Erzähler sogar, die beiden Alten in die Flucht zu schlagen, und bleibt bis auf weiteres bei ihm.

Schmidts Hel und Borrows Isopel haben nicht nur ihre Körpergröße und ihr freches Wesen gemein, sondern beide können sie sich notfalls sogar königlich benehmen. Hel gibt dem jungen Förster, der die Wasserwanderer stört und nach den Personalien fragt, den Bescheid: „Ich bin die Prinzessin Ilse. – Und wohne im Ilsenstein" (443). Der Name Ilse läßt sich stabreimend mit Isopel verbinden, aber auch mit Ingeborg. Gleich beim ersten Zusammentreffen mit Isopel schmeichelt Lavengro ihr nämlich:

> "You might beat me with no hands at all," said I, "fair damsel, only by looking at me – I never saw such a face and figure, both regal – why, you look like Ingeborg, Queen of Norway; she had twelve brothers, you know, and could lick them all, though they were heroes –

---

[191] Borrow, *Lavengro*, a.a.O., S. 444 f. (Kap. 85).

> ‘On Dovrefeld in Norway
> Were once together seen,
> The twelve heroic brothers
> Of Ingeborg the queen.’”
>
> “None of your chaffing, young fellow,” said the tall girl, “or I will give you what shall make you wipe your face; be civil, or you will rue it.”[192]

Das „Dovrefjell“, wie es richtig heißt, kennt Arno Schmidt aufgrund seiner Kriegserlebnisse natürlich auch (und nutzt diese Kenntnis in seiner „Geschichte auf dem Rücken erzählt“[193]), doch das nur nebenbei; wichtiger wird für Schmidt eine Erkenntnis gewesen sein, die er dem Borrow-Artikel seiner *Encyclopaedia Britannica* entnehmen konnte – die Erkenntnis, daß auch die Isopel-Berners-Episode einen autobiographischen Hinterrund hatte: „After a while he [Borrow] became a travelling hedge-smith, and it was while pursuing this avocation that he made the acquaintance of the splendid road-girl, born at Long Melford workhouse, whom he has immortalized under the name of Isopel Berners.“[194] Zur Unsterblichkeit dieser Frau trug Schmidt das seine bei, indem er sie in der „Wasserstraße“ wiederauferstehen ließ.

4: Quell-Gründe

Aber warum Borrow? Und warum Blake? Und warum tauchen beide vereint in der „Wasserstraße“ auf? Als

---

[192] Ebd., S. 445 (Kap. 85).

[193] Vgl. Arno Schmidt, „Geschichte auf dem Rücken erzählt“, in Bargfelder Ausgabe, Bd. I/4, a.a.O., S. 54-56, hier S. 54: „Also blieb nur Norwegen; und ich fing an von den drei Geologen, die ich dort einst im Dovrefjell getroffen hatte“.

[194] T. W.-D. [= Theodore Watts-Dunton], „Borrow, George Henry (1803-1881)“, a.a.O., S. 275.

Autoren waren sie reichlich verschieden; dennoch möchte ich zum Abschluß versuchen, jenen Kontext zu ermitteln, in dem sie gemeinsame Sache machen können.

In schmaleren Schriftstellerlexika und auch in der englischen Abteilung des Verzeichnisses von Schmidts Nachlaßbibliothek folgt Borrow unmittelbar auf Blake, doch dieser alphabetische Zufall kann als Begründung ihrer Paarung in der „Wasserstraße" kaum hinreichen. Ebenfalls wohl dem Zufall zu schulden ist, daß Schmidt beide Autoren um die Jahreswende 1962/63 herum intensiv studieren konnte, weil er kurz zuvor deren wichtigste Werke in die Finger bekam: das ist vielleicht eine notwendige Voraussetzung, aber auch keine eigentliche Begründung für die tiefgreifende Präsenz beider Autoren in der im Januar 1963 geschriebenen „Wasserstraße". Auf Blake ist Schmidt über seine Joyce-Rezeption gekommen, was man von Borrow nicht sagen kann (George Borrow spielt für Joyce keine Rolle); vielleicht gibt es aber doch einen sehr vermittelten Konnex: der Joycesche Blake-Essay, den Schmidt kannte und verwertete, entstand als Teil einer zweiteiligen Vortragsveranstaltung über ‚Realismus und Idealismus in der englischen Literatur' 1911 in Triest; der Komplementärvortrag (der Schmidt nicht zugänglich, dessen Existenz ihm aber bekannt war) hatte Daniel Defoe zum Thema[195], und in einer frühen Szene von *Lavengro* beschreibt Borrow den nachhaltigen Eindruck, den die Lektüre von Defoes *Robinson Crusoe* auf ihn gemacht hat[196]. Die Paarung Borrow-Blake kann in der Tat die Differenz zwischen realistischem und mystischem Schreiben ebensogut veranschaulichen wie die von Joyce vorgezogene Paarung Defoe-Blake; daß diese Doppelpolung in der „Wasserstraße" Thema ist,

---

[195] Herausgeberanmerkung zu Joyce, „William Blake", a.a.O., S. 214.
[196] Vgl. Borrow, *Lavengro*, a.a.O., S. 22-24 (Kap. 3).

ergibt sich aus jener Szene, in der Franz der offenbar zur Mystik neigenden Hel erklärt: „Wir *sind* hier nich für Miß=Tick; wir sind auf dem Lande.“ Hel entgegnet ihm: „Wir *sind* hier nich für Realismus: wir sind auf dem Lande.“ (448) In diesem Sinne könnten Borrow und Blake in der „Wasserstraße“ eine Komplementärfunktion wahrnehmen – die eigentlichen Gründe ihrer Präsenz im Text scheinen aber tiefer zu reichen.

Vielleicht können wir uns ihnen nähern, indem wir uns die Figurenkonstellation anschauen. In der „Wasserstraße“ führt Schmidt erstmals eine Figur ein, die in seinen späteren Texten wichtig wird, nämlich die der Tochter; Mutter-Tochter- oder Vater-Tochter- oder auch Onkel-Nichten-Konstellationen hat es zuvor in Schmidts Werk nicht gegeben. Töchterfiguren sind aber in den von mir ermittelten Referenztexten vorhanden. In *Finnegans Wake* treffen wir auf die leicht inzestuöse Beziehung der Vaterfigur HCE zu seiner Tochter Issy, in der sich offensichtlich auch Elemente der besonderen Beziehung von James Joyce zu seiner Tochter Lucia spiegeln; bei Blake finden wir Töchter in den „Visions of the Daughters of Albion“, bei den im „Book of Thel“ auftretenden „daughters of the Seraphim“ und in *Vala, or the Four Zoas* in der Gestalt der „daughters of Beulah“[197]. Diese Tochterfigur wird vielfach in Relation zu älteren Figuren definiert: bei Joyce weitet Issy die Dichotomie zwischen männlichem Prinzip (HCE) und weiblichem Prinzip (ALP) zu einem Dreieck; Borrows *Wild Wales* beginnt damit, daß der Autor mit Frau und Stieftochter nach Wales reist; zu Beginn der Isopel-Berners-Episode in *Lavengro* erscheint Isopel

[197] Vgl. Blake, *Vala, or The Four Zoas*, a.a.O., S. 281. – Vgl. Schmidt, *Julia, oder die Gemälde*, a.a.O., S. 19: „die ›Daughters of Beulah‹“ als Verbindungsglied zwischen einer amerikanischen Sekte und Blake.

(allerdings fälschlich) wie eine Tochter von Moll und Jack, und der Erzähler komplettiert das Figurenquartett, das Vorbildcharakter für jenes in der „Wasserstraße" hat. Viererkonstellationen finden wir außerdem bei Blake in Gestalt der titelgebenden vier Zoas sowie in einer der *Finnegans-Wake*-Szenen, die Schmidt in der „Wasserstraße" anzitiert, in Gestalt der voyeuristischen vier alten Männer.

In *Kaff auch Mare Crisium* hatte Schmidt seinen Erzähler behaupten lassen: „Ich vergeß Joyce's Tochter nie!"[198] Demzufolge mußte Schmidt, als er für die „Wasserstraße" eine Tochterfigur entwarf, notgedrungen an Lucia Joyce denken, von der er vor allem wußte, daß sie an gravierenden psychischen Problemen litt[199] und schließlich in eine geschlossene Anstalt eingewiesen wurde. (Ähnlich erging es einige Jahre später zudem Joycens Schwiegertochter Helen, die aber nach wenigen Jahren geheilt entlassen werden konnte.) Daß Schmidt seine Tochterfigur in der „Wasserstraße" als geisteskrank gezeichnet hätte, wäre mehr als übertrieben, aber immerhin bemerkt Mutter Ruth von ihr: „Hel iss so schon schwierig genug: richtig herzhaft lachen hab'ich sie seit Monatn nich mehr gehört." (447) Irgend etwas scheint mit Hel nicht zu stimmen, seelisch scheint sie nicht ganz im Lot zu sein.

---

[198] Arno Schmidt, *Kaff auch Mare Crisium*, in Bargfelder Ausgabe, Bd. I/3, a.a.O., S. 7-277, hier S. 118.

[199] Die genaue Natur dieser Probleme ist ungeklärt. Die neuere Forschung hat gravierende Zweifel an der von Ellmann zum Faktum erhobenen These aufkommen lassen, es habe sich um eine schizophrene Psychose gehandelt. Vgl. dazu Carol Loeb Shloss, *Lucia Joyce. To Dance in the Wake* (New York: Farrar, Straus and Giroux 2003), S. 215-258 und passim. – Schmidt kannte diese Zweifel natürlich noch nicht und mußte von der Darstellung ausgehen, die er in der Joyce-Literatur um 1960 vorfand: danach war Lucia schlicht und einfach geisteskrank.

Dazu paßt es, daß die beiden Referenzautoren der „Wasserstraße“ ebenfalls zumindest zeitweise durch abnormes Verhalten auffielen. Über George Borrow wußte Schmidt aus seiner *Encyclopaedia Britannica*:

> Among all the “remarkable individuals” (to use his favourite expression) who during the middle of the 19th century figured in the world of letters, Borrow was surely the most eccentric, the most whimsical, and in many ways the most extraordinary. There was scarcely a point in which he resembled any other writer of his time. [...] There was nothing that Borrow strove against with more energy than the curious impulse, which he seems to have shared with Dr Johnson, to touch the objects along his path in order to save himself from the evil chance. He never conquered the superstition. In walking through Richmond Park with the present writer he would step out of his way constantly to touch a tree, and he was offended if the friend he was with seemed to observe it. Many of the peculiarities of the man who taught himself Chinese in order to distract his mind from painful thoughts were also Borrow’s own.[200]

Borrow scheint also die Zwangsneurosen mancher seiner Figuren geteilt zu haben, doch das ist noch nicht alles: er litt sein Leben lang an diffusen Anfällen, die er selbst als „the horrors“ bezeichnete und die psychischer Art gewesen sein müssen. Um was genau es sich handelte, ist schwer zu diagnostizieren; anschauliche Darstellungen baute Borrow immerhin gelegentlich in seine Bücher ein. Einen dieser Anfälle erleben wir im Kapitel 84 von *Lavengro*, als dieser sich in jenem Talgrund häuslich

---

[200] T. W.-D. [= Theodore Watts-Dunton], „Borrow, George Henry (1803-1881)“, a.a.O., S. 276.

einrichtet, in dem er kurz darauf Isopel kennenlernen wird:

> I knew they [andere Menschen] would consider me a maniac, if I went screaming amongst them; and I did not wish to be considered a maniac. Moreover, I knew that I was not a maniac, for I possessed all my reasoning powers, only the horror was upon me – the screaming horror! But how were indifferent people to distinguish between madness and this screaming horror? So I thought and reasoned; and at last I determined not to go amongst my fellow-men, whatever the result might be. I went to the mouth of the dingle, and there, placing myself on my knees, I again said the Lord's Prayer; but it was of no use; praying seemed to have no effect over the horror; the unutterable fear appeared rather to increase than diminish; and I again uttered wild cries, so loud that I was apprehensive they would be heard by some chance passenger on the neighbouring road; I, therefore, went deeper into the dingle; I sat down with my back against a thorn bush; the thorns entered my flesh; and when I felt them, I pressed harder against the bush; I thought the pain of the flesh might in some degree counteract the mental agony; presently I felt them no longer; the power of the mental horror was so great that it was impossible, with that upon me, to feel any pain from the thorns.[201]

Klischeehaft bekannt sind die psychischen Abnormitäten William Blakes; kaum jemand, der über Blake schreibt, kommt um dieses Thema herum. Wie wir bereits gehört haben, kritisiert Schmidt Joyce dafür, daß er Blake gegen den Vorwurf des Wahnsinns in Schutz nimmt; in *Zettel's*

---

[201] Borrow, *Lavengro*, a.a.O., S. 438 f. (Kap. 84).

Traum heißt es kurzerhand: „BLAKE, der Schpinner“[202]. Schmidts geliebte *Encyclopaedia Britannica* stützte diese Auffassung, denn dort wird Blake zwar als Zeichner gelobt, sein schriftstellerisches Werk aber weitgehend unter Wahnsinnsvorbehalt gestellt.[203] Wohl nicht zufällig liegt das einzige Lesezeichen Schmidts in Gilchrists Blake-Biographie, das nicht eine Illustration markiert, bei einer Stelle, an der der Autor den Wahnsinnsvorwurf auf nicht ganz überzeugende Weise zurückzuweisen sucht. Zunächst meint Gilchrist zum Thema von Blakes angeblichem Wahnsinn: „Strangers to the man, and they alone, believed in that.“[204] Als nächstes erzählt er, wie jemand einmal das Ehepaar Blake besuchen wollte und die beiden splitternackt in ihrem Garten vorfand, wo sie sich *Paradise Lost* vorlasen und dabei vorstellten, sie seien Adam und Eva. Daraus zieht Gilchrist den Schluß: „If [...] the anecdote argues madness in one, it argues it in both.“[205] Das klingt als Argument gegen den Wahnsinnsvorwurf nicht wirklich überzeugend, und gerade solche Anekdoten haben Schmidt wohl veranlaßt, Blake mit jener amerikanischen Sekte der „Beulah=Leute“ in einen Topf zu werfen, die in ihrem „›Book of Beulah‹ [...] FKK und Promiscuität“[206] das Wort redeten. Tatsächlich war wohl für Schmidt Blake ein Vorläufer der nomadisierenden arbeitsscheuen Hippies seiner Tage, von denen er in *Abend mit Goldrand* meint, George Borrow müßte ihnen wohl gefallen. Die Dichotomie von nomadisierendem versus seßhaftem Leben ist ja auch in der „Wasserstraße“

---

202 Schmidt, *Zettel's Traum*, a.a.O., S. 459 rm.

203 Vgl. J. C. C. [J. W. Comyns-Carr], „Blake, William (1757-1827)“, a.a.O., S. passim.

204 Gilchrist, *Life of William Blake*, a.a.O., S. 96.

205 Ebd., S. 97.

206 Schmidt, *Julia, oder die Gemälde*, a.a.O., S. 19.

untergründig Thema; nicht nur fungiert, wie Brigitte Degener schon 1975 gezeigt hat, für diese Erzählung „phasenbildend die alternierende Folge von Wanderung und Rast bzw. Trennung und Rendezvous der männlichen und weiblichen Personen“[207], sondern den Wanderschaftsmotiven der Erzählung („‹ZIEHT EINSAM 1 WANDRER VON LANDÉ=ZU=LANT› –“ (435); „Zweigjurten“ (436); der offenbar nichtseßhafte Gesuchte des Fahndungsplakats (453)) steht auch Ruths Neigung gegenüber, am Schauplatz seßhaft werden zu wollen („Gar kein schlechter Bau=Platz eig’ntlich“[208] (442)). George Borrows Leben bestand fast ständig aus Wanderschaft (was sich auch in seinen Büchern spiegelt); von Blake und seiner Frau behauptet Yeats im Vorwort jener Ausgabe, die Schmidt in London kaufte, die beiden hätten oft Wanderungen mit einer Länge von „thirty miles at a stretch“ unternommen[209] – was aber anderen Quellen zufolge keineswegs stimmt[210]; gerade Blake scheint ein ungewöhnlich wanderunfreudiger Mensch gewesen zu sein. Joyce wiederum wechselte sein Leben lang durchschnittlich einmal im Jahr die Wohnung, und gerade dieses Vagantentum könnte an den Problemen seiner Tochter nicht schuldlos gewesen sein, wie wohl auch Schmidt wußte.

---

[207] Degener, „Arno Schmidt: Die Wasserstraße“, a.a.O., S. [7].

[208] Ruths Mann Felix reagiert darauf betont nichtseßhaft: „ich verschwinde ma.“

[209] Yeats, „Introduction“, a.a.O., S. xxvi.

[210] Vgl. Edward Thomas, *A Literary Pilgrim in England* (Oxford / New York / Toronto / Melbourne: Oxford University Press 1980), S. 19 f.: „He never took walks for mere walking sake, or for pleasure; and could not sympathize with those who did. During one period he, for two years together, never went out at all, except to the corner of the Court to fetch his porter.“

Schmidt selbst hatte bekanntlich keine Kinder (und begründet dies in der bereits zitierten *Kaff*-Passage mit dem Verweis auf die Joyce-Tochter); kinderlos blieben auch die Ehen von Blake und von Borrow: alle drei waren sie schöpferische Künstler ohne leibliche Nachfahren. Damit wären sie alle drei eigentlich Beispiele für jenen schöpferischen „Hinkeschmied", auf dessen durchgängige Präsenz im Werk Arno Schmidts Rudi Schweikert aufmerksam gemacht hat; dieser Schmied ist nämlich vom „Schöpfergott [...] mit Versehrtheit, Kastration, ‚Hinken' bestraft"[211] worden. Nebenbei hat Schweikert auch schon darauf hingewiesen, daß George Borrow zeitweise als Schmied tätig war.[212] Tatsächlich geht Borrow im Anhang zu *The Romany Rye*, in dem er sich gegen seine Kritiker verteidigt, sogar soweit, in der Tätigkeit seines autobiographischen Helden als Schmied die beste Panazee gegen die periodischen psychischen Probleme zu sehen:

> Lavengro had a mind, as he himself well knew, with some slight tendency to madness, and had he not employed himself, he must have gone wild; so to employ himself he drew upon one of his resources, the only one available at the time. Authorship had nearly killed him, he was sick of reading, and had besides no books; but he possessed the rudiments of an art akin to tinkering; he knew something of smithery, having served a kind of apprenticeship in Ireland to a fairy smith; so he draws upon his smithery to enable him to acquire tinkering, he speedily acquires that craft, even as he had speedily acquired Welsh, owing to its

---

[211] Rudi Schweikert, „Denn Gow heißt Schmidt. Der rebellierende hinkende Schmied – Arno Schmidts ‚Ego-Mythos'", in Drews u. Plöschberger (Hg.), *Starker Toback, voller Glockenklang*, a.a.O., S. 9-46, hier S. 33.

[212] Vgl. ebd., S. 28 f.

> connection with Irish, which language he possessed; and with tinkering he amuses himself until he lays it aside to resume smithery.[213]

Die Schmiedetätigkeit Lavengros beginnt in jenem Talgrund, in dem er kurz darauf Isopel Berners kennenlernt. In *Lavengro* erläutert Borrow deshalb ausführlich, was ihm an einer Schmiede so sehr gefällt:

> It has always struck me that there is something highly poetical about a forge. [...] I have a decided *penchant* for forges, especially rural ones, placed in some quaint quiet spot – a dingle, for example, which is a poetical place, or at a meeting of four roads, which is still more so; for how many a superstition – and superstition is the soul of poetry – is connected with these cross roads! [...] I believe the life of any blacksmith, especially a rural one, would afford materials for a highly poetical history. [...] Certainly, the strangest and most entertaining life ever written is that of a blacksmith of the olden north, a certain Volundr, or Velint, who lived in woods and thickets, made keen swords, so keen, indeed, that if placed in a running stream, they would fairly divide an object, however slight, which was borne against them by the water, and who eventually married a king's daughter, by whom he had a son, who was as bold a knight as his father was a cunning blacksmith. I never see a forge at night, when seated on the back of my horse at the bottom of a dark lane, but I somehow or other associate it with the exploits of this extraordinary fellow, with many other extraordinary things, amongst which, as I have hinted

[213] Borrow, *The Romany Rye*, a.a.O., S. 337 (Appendix, Kap. 5).

before, are particular passages of my own life, one or two of which I shall perhaps relate to the reader.[214]

Auch die Wesen, die Schmidts „Wasserstraße“ bevölkern, scheinen einer (eher höllischen als himmlischen) Schmiede entsprungen zu sein: gleich am Anfang entdecken wir eine „grasende Pferdesilhouette [...] aus schmutzigem Kupferblech“ (425), die dann als „Kupfergaul im Sehr=Grünen“ (426) noch einmal auftaucht; Ruth ist „DIE FRAU MIT DEN FUNKENSPRÜHENDEN SCHLÜPFERN“ (450); Hel veranlaßt den Erzähler zu der seltsamen Assoziation: „‹Abgeleget die Glieder, ausgezogen den Körperbau, ward ich Schatte. – Noch des Staubes 1 wenig: und ich glüh wie ein Funk empor!›“ (426); schließlich schiebt sich „eine kurze Kupferstange [...] langsam aus Hel heraus“ (443). Wenn man den Wanderstock, mit dem Franz unterwegs ist, vor der Folie der nordischen Mythologie als Hammer Thors deuten kann[215], so wäre zu ergänzen, daß der Hammer ein Schmiedewerkzeug ist.

Was uns jetzt noch fehlt, ist eine Schmiedefigur bei Blake, und die finden wir in Gestalt des Schöpfers Los. Schon im Joyceschen Blake-Essay hat Schmidt ein Detail aus Blakes eigenfabrizierter Mythologie erfahren können: „To him, all space larger than a red globule of human blood was visionary, created by the hammer of Los, while in a space smaller than a globule of blood we approach eternity, of which our vegetable world is but a shadow.“[216] Näheres über das Wirken dieses Schmiedehammers erfahren wir aus Blakes *Vala*-Dichtung:

---

[214] Borrow, *Lavengro*, a.a.O., S. 432-433 (Kap. 83).
[215] Vgl. Czapla, *Mythos, Sexus und Traumspiel*, a.a.O. 1993, S. 241.
[216] Joyce, „William Blake“, a.a.O., S. 222.

[...] Mean time Los was born
And thou, O Enitharmon! Hark, I hear the hammers of Los.
They melt the bones of Vala & the bones of Luvah into wedges;
The innumerable sons & daughters of Luvah, clos'd in furnaces,
Melt into furrows; winter blows his bellows: Ice & snow
Tend the dire anvils: Mountains mourn, & Rivers faint & fail.[217]

Auf etlichen Zeichnungen hat Blake festgehalten, wie er sich seinen gegen den Weltengott rebellierenden Schöpferschmied vorstellt: sie zeigen eine mißmutig dreinschauende, eher gedrungene Gestalt, was dazu paßt, daß Schweikert zufolge der mythologische ‚Hinkeschmied' ebenfalls kleinwüchsig ist[218] – das erklärt möglicherweise auch, warum der Erzähler der „Wasserstraße" die Körpergröße von Felix und Hel immer so betont. Hätte Schmidt zu Beginn der sechziger Jahre noch jene Blake-Ausgabe besessen, die er in London kaufte, so hätte er dem Vorwort von Yeats zudem entnehmen können, was er wohl ohnehin vermutete: Los sei auf einer Ebene auch „Blake himself" [219] und Los' leibliche Frau Enitharmon der Frau des Künstlers nachempfunden. Im Schöpferschmied treffen sich also Schmidt, Borrow und Blake.

Borrow schmiedete sich sein wildes Wales zusammen, Blake schmiedete sich eine Welt namens Vala, und Schmidt legte beides übereinander. Den Fast-Gleichklang von Wales und Vala dürfen wir nicht vernachlässigen. In „Armes Deutschland", im März 1965 entstanden, verweist

---

[217] Blake, *Vala, or The Four Zoas*, a.a.O., S. 295.
[218] Vgl. Schweikert, „Denn Gow heißt Schmidt", a.a.O., S. 32.
[219] Yeats, „Introduction" ,a.a.O., S. xxv.

Schmidt auf „Homonyme, [...] die immer wichtiger werden: da sieht man's mit 1 Blick, wieso einem Engländer bei ‹vale› auch ‹vail› und ‹veil› – vielleicht sogar ‹whale›? – mit=einfällt: einfallen *muß: er kann nicht anders!*“[220] Ende 1965, in dem Essay *Das Buch Jedermann*, in dem er erstmals seine Etym-„Theorie“ entwirft, wird Schmidt noch etwas genauer:

> Werden Wir uns *da*rüber klar: wie sind, im menschlichen Gehirn, die *Worte* gespeichert? – [...] Ganz konkret: was fällt einem Engländer [...] bei der Lautfolge, sagen Wir, ‹wäil›, ein? [...] Nu ‹Schleier›. – Auch ein poetisches ‹Tälchen›: »Füllest wieder Busch & Thal«. – [...] ‹vale, veil –: wail?›: das wäre ‹klagen›. Und, in dissoluterer Stimmung, möchte ich von hier aus, wohl gar auf ‹Walfisch›, und den Prinzen von ‹Wales› geraten können. – [...] Es gibt natürlich noch mehr – vau=a=i=ell, ‹vail›; das in ‹available› steckt“[221]

In *Zettel's Traum* legt Schmidt noch einmal nach: „'veiled vales' = furschleierte (Geni) 'tälchen.(: 'WILD WALES'?)“[222]; es scheint sich hier um sein Lieblingsbeispiel für das Wirken der Etyms zu handeln, aber praktisch umgesetzt hat er das Zusammenspiel gerade dieser Homonyme schon Jahre zuvor in der „Wasserstraße“. Vielleicht ist es sogar eine Stelle aus dem *Romany Rye*, die ihn erst auf die Idee dazu gebracht, heißt es dort doch in einer Binnenerzählung von einer Nebenfigur: „he said something which, perhaps, he meant for Latin, but which

---

[220] Arno Schmidt, „Armes Deutschland. Patriotische Betrachtungen anläßlich eines nützlichen Buches aus der DDR“, in Bargfelder Ausgabe, Bd. III/4, a.a.O., S. 408-412, hier S. 409.

[221] Arno Schmidt, „Das Buch Jedermann. JAMES JOYCE zum 25. Todestage“, in Bargfelder Ausgabe, Bd. II/3, a.a.O., S. 231-256, hier S. 248.

[222] Schmidt, *Zettel's Traum*, a.a.O., S. 180 ru.

sounded very much like ‘vails,’ and by which he doubtless alluded to the money which he had given me.“[223] Alle Elemente des Lautclusters ‚vale‘ / ‚veil‘ / ‚wail‘, also Schmidt zufolge „‹Schleier› [...] ‹Tälchen› [...] ‹klagen›“, sind in der „Wasserstraße“ präsent: der Schleier gleich zu Beginn in der „verschleierte[n], sehr hitzige[n] Nachmittagssonne“ (425), das Tal als Schauplatz, das Klagen als ständiges Gejammer Felix’ über Liebes- und andere Nöte. Alle drei Begriffe lassen sich aber auch häufig bei Blake, gelegentlich zudem bei Borrow antreffen; zudem fanden wir sie im unmittelbaren Umfeld einiger der von Schmidt anzitierten Passagen von Joyce (das „nun’s veiling“ im *Ulysses*, das „wandervogl wail withyin“ in *Finnegans Wake*) und Tennyson (das „wailing died away“ in „The Passing of Arthur“); sollte Schmidt gegen alle Erwartung doch um die ursprüngliche Herkunft des einen von ihm benutzten Joyce-Zitats aus dem Romanwerk Melvilles gewußt haben, wäre außerdem noch der mit Melville zu assoziierende Wal (englisch ‚whale‘) mit ihm Spiel.

Wichtiger noch als der Gleichklang ‚vale‘ / ‚veil‘ / ‚wail‘ ist aber wohl ein anderer, nämlich der dreier weiblicher Figuren in den Texten der drei hier primär interessierenden Autoren: Hel, Thel und Isopel. Wenn wir alle von mir im vorstehenden zitierten Referenztexte durchgehen, so finden wir in geradezu inflationärer Zahl Namen und Begriffe, in denen der –el-Laut steckt: ein Melville-Zitat aus einem Buch, das auf dem Schiff Bellipotent spielt, findet über Joyce zu Schmidt; direkt bei Joyce finden wir eine „dinkum belle“ sowie die Formulierungen „Timple temple tells the bells“ und „how velktingeling“; nach der Joyce-Biographie von Ellmann werden Lucias psychische Probleme durch Samuel Beckett ausgelöst, und ihr Schicksal teilt zeitweise die

[223] Borrow, *The Romany Rye*, a.a.O., S. 167 (Kap. 28).

Schwägerin Helen; Scotts *Pibroch* endet auf „Knell for the onset!“; Borrow debütiert mit einer Biographie über Joseph Sell, seine Heldin heißt Isopel oder kurz Belle, stammt aus dem Armenhaus von Long Melford und soll die Verben „hramahyel“ und „siriel“ konjugieren, während ihr Kavalier ihr ein Gedicht über das Dovrefjell vorträgt und außerdem um einen altnordischen Schmied namens Velint weiß; Blake veröffentlicht „The Book of Thel“ und „The Marriage of Heaven and Hell“ (darin enthalten die „Proverbs of Hell“), verschenkt ein weiteres Werk an John Linnell, diniert mit Hesekiel und schreibt Zeilen wie „The merry bells ring / To welcome the Spring“, „growing in hell“, „to dwell in lowly vales“, „swells lustful round my rocky knees“, „They melt the bones of Vala“, „winter blows his bellows“. Also:

Hel
Melville
Bellipotent
dinkum belle
tells the bells
velktingeling
Ellmann
Samuel
Helen
Knell
Sell
Isopel
Belle
Melford
hramahyel
siriel
Dovrefjell
Velint
Thel

Hell
Linnell
Hesekiel
bells
welcome
dwell
swells
melt
bellows

Angesichts dieser Liste, die selbst dann noch erstaunlich lang ist, wenn man dem Wirken des Zufalls ein gehöriges Quantum Mitwirkung zubilligt, kann man eigentlich nur noch mit einer Formulierung von *Abend mit Goldrand* ausrufen: „›Hier ist Hellysium!‹"[224] In *Zettel's Traum* weist Schmidt darauf hin, „wie=phile MädchenNamen" bei Poe „auf 'bel' endijn", und schließt daraus, daß Poe „anphällIch für 'Glockengeläut' war"[225], eine Umschreibung sexueller Reizbarkeit. Es hat den Anschein, daß die Referenztexte der „Wasserstraße" zu einem nicht geringen Teil über das lautliche Detail –el vernetzt sind, wobei allerdings diese Vernetzung *außer*halb von Schmidts Text erfolgt: die entsprechenden Referenztexte zitiert er stets nur in Ausschnitten, in denen dieses Lautdetail gerade nicht vorkommt. Dazu paßt es, daß im Eigenvokabular der „Wasserstraße" Begriffe mit dieser Lautfolge ebenfalls kaum auffällig sind; Ausnahmen sind vielleicht der „Junggeselle" (425), die „Pellkartoffeln" (426), das „betriebsame ELDINGEN" (428), „parziell" (430), „Melusine"

[224] Schmidt, *Abend mit Goldrand*, a.a.O., S. 138. Vgl. Blake, *Vala, or The Four Zoas*, a.a.O., S. 377.

[225] Schmidt, *Zettel's Traum*, a.a.O., S. 848 lu. – Vgl. ebd., S. 849 mo: „(übrijns eine Bi=Variante: 'bells=balls=Hoden'; und 'sledge' der 'Hammer'(=Penis); 'Glockenläutn' auch im Deutschen = Xn!)"; außerdem ebd., S. 889 o: Bemerkungen zur Etymspinne „pel".

(432), „ellbogig“ (433), „offizinell“ (433), „Gebelle“ (441), „Felleisen“ (441), „Melbourne“ (441), „habituell“ (445), „Für alle Felle“ (450), „rational=rationell“ (451) und die vielen auf ein unbetontes –el endenden Begriffe (Himmel, Wurzel, Meeresspiegel, Insel, Blechtrommel, Stachel, Onkel, Würfel, Schädel usw.[226]). Der Sache auf den Grund kommen wir erst mit dem „Quellgrund“ (450): unsere Quellenforschung war zweifelsohne die Methode, die der „Wasserstraße“ angemessen ist.

Ende November 1962, als er gerade seine Borrow-Bände bekommen hat, beginnt Schmidt mit der Arbeit an seinem Carroll-Essay „Sylvie & Bruno“, unterbricht die Niederschrift aber am 6. Dezember und entwirft in den darauffolgenden vier Tagen den Plan zur „Wasserstraße“[227]; fertiggestellt wird der Carroll-Essay dann erst im Februar 1963, also nach Abschluß der „Wasserstraße“ und nach der intensiven Blake- und Borrow-Lektüre. In „Sylvie & Bruno“ gibt Schmidt Beispiele dafür, „Zünd=Worte so untereinanderzuschreiben“, daß sich „Wort=Ballen“[228] ergeben: Cluster von Wörtern, die inhaltlich gar nichts miteinander zu tun haben, aber traumassoziativ miteinander verknüpft werden können. Verfahren dieser Art findet Schmidt bei Carroll erläutert und vorgeführt, vor allem in dessen „Syzygies“, weswegen es auch nur folgerichtig ist, daß er das Motto der „Syzygies“ in der „Wasserstraße“ zitiert. Die „Wasserstraße“ ist ein Versuch (möglicherweise Schmidts erster), dieses Verfahren, aus dem er später seine Etym-„Theorie“ entwickelt,

---

[226] Am Rande sei erwähnt, daß in *Zettel's Traum* Franziska häufig „Fränzel“ genannt wird (das klingt fast wie die Addition zweier Protagonisten der „Wasserstraße“: ‚Franz-Hel‘) und der „Spinell“ genannte Wahrheitsring eine große Rolle spielt.

[227] Detaildatierung nach Unterlagen der Arno Schmidt Stiftung; auch für diese Auskunft danke ich Susanne Fischer.

[228] Schmidt, „Sylvie & Bruno“, a.a.O., S. 253.

prosapraktisch umzusetzen. Inhaltliche Zusammenhänge spielen dafür eine untergeordnete Rolle, deswegen wäre es Spekulation, zu fragen, warum Schmidt gerade die Buchstabenfolge –el nutzt. Falls solche Spekulation an dieser Stelle erwünscht ist, aber noch folgendes:

Das –el ließe sich lesen als ein laut gesprochener Buchstabe L. Dieses L könnte (gewissermaßen Schmidts späterem Gebrauch des Großbuchstabens S vorausgreifend) für ‚Liebe' oder ‚Love' stehen, vornehmlich in der körperlichen Variante, „ganz Lust & Liebe"[229] (437); in seinem Tagebuch benutzte Schmidt das L-Zeichen immerhin als Symbol für den Geschlechtsakt, und offenbar verwendeten Arno und Alice Schmidt in diesem Zusammenhang sogar des Verb „ellen"[230]. Der L-Quell, zu dem in der „Wasserstraße" nie ganz vorgedrungen wird, ist jener Höllenquell, den ich eingangs mit dem Wolf assoziiert habe[231]; es gibt dafür auch einen gröblichen Ausdruck, der mit L anfängt. So ließe sich womöglich die

---

[229] Für den Hinweis auf diese von mir sträflich übersehene Textstelle danke ich Günther Flemming, der mich in diesem Zusammenhang zudem auf eine Passage im dritten Kapitel von *Through the Looking-Glass* hinweist, wo Alice ihren Namen vergessen hat. Vgl. Lewis Carroll, *Through the Looking-Glass and What Alice Found There*, in Martin Gardner (Hg.), *The Annotated Alice. The Definitive Edition. Alice's Adventures in Wonderland & Through the Looking-Glass* by Lewis Carroll (New York: Norton 1999), S. 129-274, hier S. 117: „L, I *know* it begins with L!"

[230] Vgl. Alice Schmidt, *Tagebuch aus dem Jahr 1954*, hg. v. Susanne Fischer (Frankfurt a.M.: Suhrkamp 2004), S. 135 (30.7.54): „Arno [...] Hatte ellen wollen"; ebd., S. 158 (6.8.54): „Merke beim aufwachen, daß ich meine Sache habe. Darob Arno üble Laune, [...] er könne nicht, wie versprochen, ellen".

[231] Eine schöne Koinzidenz ist dafür verantwortlich, daß die englische Übersetzung von *Abend mit Goldrand* von einer Dame namens Helen Wolff verlegt wurde. Vgl. Arno Schmidt, *Evening Edged in Gold*, üb. v. John E. Woods, A Helen and Kurt Wolff Book (New York / London: Harcourt Brace Jovanovich 1980).

These aufstellen, ein weiterer geheimer „Wort=Ballen“ in der „Wasserstraße“ neben dem durch –el / L verknüpften könnte durch die Lautfolge –och gebildet werden. Diese Lautfolge ist enthalten in dem Wort ‚Tochter‘ (ebenso steckt –el übrigens in ‚Eltern‘, einer Vokabel, die signifikanterweise in der „Wasserstraße“ nicht auftaucht); –och steckt außerdem in ‚roch‘ und ‚Rochen‘ sowie in einigen weiteren in Schmidts Erzählung zu findenden Begriffen und Wendungen: „Knochengespinst“ (425); „ausgesprochen“ (426, 427, 435, 452); „Oh doch, Hel!“ (427); „Ehrenkleid=Epoche“ (429); „Och, ich liebe sie schon“ (432); „Biologisch war sie genau=mittn in jener Periode, wenn nicht gar Epoche“ (434); „Arschloch“ (438, 443); „1 von den hartgekochtn Eiern –“ (440); „Purpurloch der Sonne“ (448); „gebrochene Beine“ (452). Walter Scott ist mit seinem „Pibroch“ und „Inverlochy“ mit im Spiel, und da George Borrow sich gerne an den keltischsprachigen Rändern Großbritanniens herumtrieb, lassen sich in seinem Werk zur Genüge Vokabeln wie ‚Loch‘ (als gälische Seenbezeichnung), ‚och‘, ‚ochone‘, ‚Lochlin‘ oder aber der von ihm geschätzte „Iolo Goch, the bard of your celebrated hero, Owen Glendower“[232], auffinden. Rein englischsprachige Autoren allerdings können den Laut –och, der im Englischen nicht vorkommt, nicht aussprechen, deswegen suchen wir bei William Blake vergeblich nach dieser – mithin von unserem Thema wegführenden – Spur.

---

[232] Borrow, *Wild Wales*, a.a.O., S. 45 (Kap. 9).

Gelassenes Wasser
Arno Schmidt als Nichtübersetzer von Flann O'Brien

Arno Schmidt gilt unter Nichtkennern gern als der ‚deutsche Joyce', eine Qualifizierung, die Schmidt wie Joyce gegenüber ungerecht ist; mit mindestens dem selben Recht ließe sich Schmidt als der ‚deutsche Flann O'Brien' bezeichnen oder O'Brien als der ‚irische Schmidt'. Schmidt (1914-79) und O'Brien (1911-66) gehörten immerhin der selben Schriftstellergeneration an, gewissermaßen der Generation nach Joyce, woran beide durchaus gelitten haben. Beide galten sie im Kontext ihrer jeweiligen Nationalliteratur lange eher als Unikum und Außenseiter, um die sich kleine, wenn auch enthusiastische Fanzirkel scharten. Die Außenseiterrolle spielten sie, indem sie sich den literarischen Cliquen und Klüngeln fernhielten und statt karrieristischer Anbiederung stets den provokativen Dissenz betrieben. Schmidt schimpfte auf Deutschland (besonders seine Regierung) und O'Brien auf Irland (besonders seinen Staatsapparat); freilich verhielten beide sich ihrem Heimatland gegenüber insofern doch loyal, als sie es nie verließen. Flann O'Brien ist unter den bedeutenden irischen Schriftstellern des 20. Jahrhunderts fast der einzige, der nie ins Ausland gegangen ist; Arno Schmidt, diesen (wie Hermann Rasche zu recht betont) ausgesprochenen „Norddeutschen"[1], packte zwar im Gefolge von Heinrich Böll einmal der Impuls, nach Irland auszuwandern, die extreme Umstandskrämerei, mit der er dabei zu Werke ging (und die wiederum Hermann Rasche

[1] Hermann Rasche, „Aus der ij-Täterkartei: Friedhelm Rathjen", in *irland journal* X/2 (1999), S. 85.

plastisch nachgezeichnet hat[2]), zeigt aber mehr als deutlich, daß er für die irischen Verhältnisse nicht geschaffen und in seinem Heimatland in der Tat am besten aufgehoben war – nachdem er Ende 1958 ein kleines Häuschen im verschlafenen Bargfeld in der Südheide erwerben konnte, vermied er selbst kürzeste Reisen, so gut es ging, nahm die Welt vornehmlich über das Fernsehen wahr und pflegte, so radikal er sich zuvor in seinen Ansichten gern gegeben hatte, zusehends eine Tendenz zur Verspießerung, die eines Flann O'Brien durchaus würdig gewesen wäre. Selbst Schmidts sich gern schnodderig gebender Witz war selten entspannt; sein amerikanischer Übersetzer John E. Woods stellt mit einigem Recht fest: „Schmidt was always tightassed"[3] – eine hübsche Einschätzung, die ebenso auf O'Brien zutreffen könnte. Für O'Brien wie für Schmidt war die Basis der kleinbürgerlichen Existenz im übrigen die jahrzehntelange affären- wie kinderlose Ehe mit einer früheren Arbeitskollegin.

Bei beiden Autoren lassen sich Lobeshymnen auf den (wiewohl auch gefährlichen) Gebrauch des Fahrrads

---

2 Vgl. Hermann Rasche, „The Germany kann me furchtbar leckn!! ... Arno Schmidt und seine Irland-Pläne", in *irland journal* VIII/2 (1997), S. 38 f.; außerdem Friedhelm Rathjen, „Arno Schmidts Irlandreise. Acht westerweltliche Tourenziele zum literaturbewehrten Nachfahren", in *Bargfelder Bote*, Lfg. 179-180 / August 1993, S. 24-33, Nachdruck in ders., *Die Kunst des Lebens. Biographische Nachforschungen zu Arno Schmidt & Consorten* (Scheeßel: Edition ReJoyce 2007), S. 65-76. Die Briefwechsel Schmidts mit Böll und auch Ernst Kreuder bringen dazu im Detail einige zusätzliche Erkenntnisse; vgl. Arno Schmidt, *Briefwechsel mit Kollegen*, hg. von Gregor Strick (Frankfurt a.M.: Suhrkamp 2007), passim.

3 Zitiert nach Jörg Drews, „James Joyce und Arno Schmidt", in Rudi Schweikert (Hg.), *Zettelkasten 10. Aufsätze und Arbeiten zum Werk Arno Schmidts. Jahrbuch der Gesellschaft der Arno-Schmidt-Leser 1991* (Frankfurt a.M.: Bangert & Metzler 1991), S. 183-185, hier S. 195.

finden: bei Flann O'Brien vor allem im Fahrradroman *The Third Policeman*, aber auch in etlichen jener Zeitungskolumnen, die er unter seinem Zweitpseudonym Myles na gCopaleen schrieb[4]; bei Arno Schmidt vornehmlich in den Kurzromanen der Trilogie *Nobodaddy's Kinder*, aber immer wieder auch im übrigen Werk[5]. Das Fahrrad[6] ist ein eher bescheidenes Fortbewegungsmittel, das es erlaubt, die Welt im Kleinen zu erkunden und diese Welt der Details für wichtiger zu halten als das pauschale große Ganze; ebenso detailkrämerisch (und gern auch unter Rückgriff auf die *Encyclopaedia Britannica*[7]) widmeten Schmidt und O'Brien sich ihrem Schreiben und zweifelten keineswegs an der Bedeutung ihres jeweiligen Werks für die Literaturgeschichte. Flann O'Brien ließ sich in

---

4 Vgl. Friedhelm Rathjen, *Singende Fahrradreifen in Ulster. Eine irische Grenzerfahrung* (Scheeßel: Edition ReJoyce 2004), S. 107-109.

5 Vgl. Friedhelm Rathjen, „‚Fahrräder: die schönsten Maschinen!‘ Zum Radfahren bei Arno Schmidt“, in Frank Legl (Hg.), *Zettelkasten 17. Aufsätze und Arbeiten zum Werk Arno Schmidts. Jahrbuch der Gesellschaft der Arno-Schmidt-Leser 1998* (Wiesenbach: Bangert & Metzler 1998), S. 123-152; Nachdruck in Friedhelm Rathjen, *Der Ernst des Lesens. Beinharte Forschung zu Arno Schmidt & Consorten* (Scheeßel: Edition ReJoyce 2006), S. 41-60.

6 Zum Fahrradfahren in Irland vgl. grundlegend Hermann Rasche & Friedhelm Rathjen zu Rade, „Tour de France à la Irlandaise“, in *irland journal* IX/2 (1998), S. 27-38.

7 Weitgehend der *Encyclopaedia Britannica* entnommen ist beispielsweise der Exkurs über Geschlechtskrankheiten in Flann O'Brien, *The Hard Life. An Exegesis of Squalor* (Normal, IL: Dalkey Archive Press 1994), S. 126-128. Zu ähnlichen Nutzanwendungen des selben Nachschlagewerks im Werk Schmidts vgl. Friedhelm Rathjen, „Buchderbücher. Einsatzweisen der ‚Encyclopaedia Britannica‘ in Schmidts Spätwerk“, in *Bargfelder Bote*, Lfg. 283-284 / November 2005, S. 19-29; Nachdruck in ders., *Inselwärts. Arno Schmidt und die Literaturen der britischen Inseln* (Scheeßel: Edition ReJoyce 2008), S. 183-194.

jungen Jahren von Joyce inspirieren, wurde aber fuchsteufelswild, wenn man ihn für einen Joyce-Nachahmer erklärte, wie es ihm in seiner literarischen Karriere leider unentwegt passierte: „If I hear that word 'Joyce' again, I will surely froth at the gob“[8]; Schmidt hingegen las Joyce erst in fortgeschrittenem Alter und erst, nachdem er ungerechterweise ebenfalls ein Joyce-Nachahmer gescholten worden war, veränderte dann unter dem Einfluß von Joyce doch seine Schreibweise – und revanchierte sich auf seine Weise, indem er jahrelang bei aller Hochschätzung des *Ulysses* fast habituell an Joyce als Person und an manchen Zügen von *Finnegans Wake* herummäkelte.[9]

Wichtige Unterschiede zwischen O'Brien und Schmidt gibt es natürlich auch. Vielleicht der wichtigste ist, daß Flann O'Brien keine Dauerexistenz als Autor führte; überspitzt habe ich an anderem Ort[10] einmal formuliert, daß es Flann O'Brien eigentlich nur eine Woche lang gab, nämlich vom 13. März 1939, als sein Erstling *At Swim-Two-Birds* unter diesem kurzfristig ersonnenen Autoren-

---

8 Brian O'Nolan, Brief an Timothy O'Keeffe, 25.November 1961, zitiert nach Anne Clissmann, *Flann O'Brien. A Critical Introduction to His Writings* (Dublin: Gill and MacMillan 1975), S. 81.

9 Zu Schmidts Joyce-Rezeption vgl. erschöpfend: Friedhelm Rathjen, *„... schlechte Augen“: James Joyce bei Arno Schmidt vor „Zettels Traum“. Ein annotierender Kommentar* (München: edition text + kritik 1988), sowie ders., *„... in fremden Zungen“: James Joyce bei Arno Schmidt ab „Zettels Traum“. Mit Nachträgen zu Schmidts Werk bis 1965. Ein annotierender Kommentar* (München: edition text + kritik 1995).

10 Vgl. Friedhelm Rathjen, „Nicht zum Lachen. Anthony Cronin beschreibt Flann O'Briens Leben“, in *Basler Zeitung* 267 (15. November 1991), S. 47; Nachdruck in Rathjen, *Der Ernst des Lesens*, a.a.O., S. 150-152, hier S. 151. – Dies ist eine Rezension von Anthony Cronin, *Flann O'Brien. Eine Biographie*, üb. v. Matthias Fienbork (Frankfurt a.M.: Frankfurter Verlagsanstalt 1991), Originalausgabe: *No Laughing Matter. The Life and Times of Flann O'Brien* (London: Grafton Books 1989).

pseudonym erschien, bis zum 19. März 1939, als der erste Verriß des Buches veröffentlicht wurde und der Autor selbst sich klammheimlich von seinem Werk zu distanzieren begann. Zuvor und anschließend lebte er eine sehr bürgerliche Existenz als Brian O'Nolan, flankiert freilich durch die journalistisch-schriftstellerische Nebenbetätigung als Kolumnenlieferant Myles. Für Schmidt hingegen kam eine Schriftstellerei im Nebenberuf nie in Frage, er beharrte darauf, wer der Literatur dienen wolle, müsse dafür alle seine Kräfte aufwenden und könne sich daneben einen Brotberuf einfach nicht leisten. In „Seelandschaft mit Pocahontas", einer Erzählung, die am Dümmer spielt und Hermann Rasches Heimatraum[11] mit amerikanischen Wildnissen überblendet, erklärt Schmidts Erzähler: „der Künstler hat nur die Wahl, ob er als Mensch existieren will oder als Werk; im zweiten Fall besieht man sich den defekten Rest besser nicht: man hektokotylisiert ein Buchstück nach dem andern, und löst sich so langsam auf."[12] Mit dem „defekten Rest" ging im Falle Schmidts ein entsprechend kärgliches Auskommen einher, der von der großen Öffentlichkeit verkannte Autor lebte lange in bitterer Armut – dies paart ihn dann freilich doch wieder mit Flann O'Brien, der nach dem frühzeitigen Ausscheiden aus dem Staatsdienst von einer kargen Pension leben mußte; in beiden Fällen hat die Geldknappheit die Neigung zu Schimpftiraden auf den Staat und die Welt im allgemeinen wohl noch befördert.

Zu Beginn der 60er Jahre hat sich Schmidts wirtschaftliche Situation immerhin – auch durch die Wohnsituation im eigenen Bargfelder Hausholz – so weit entspannt, daß er es sich nun leisten kann, Übersetzungsaufträge abzu-

---

[11] Nix Kalkriese – das Hermannsdenkmal gehört nach Galway!

[12] Arno Schmidt, „Seelandschaft mit Pocahontas", in Bargfelder Ausgabe, Bd. I/1 (Zürich: Haffmans 1987), S. 391-437, hier S. 395.

lehnen; nachdem er zuvor des Broterwerbs wegen Bücher übersetzte, die er für indiskutablen Schund hielt, widmet er seine Kraft als Übersetzer jetzt also nur noch Autoren, die vor seinem strengen Urteil bestehen können. Anfang Januar 1963 beispielsweise ringt er mit sich, ob er das Angebot annehmen soll, Vladimir Nabokovs *Pale Fire* zu übersetzen („ich schwanke entsetzlich", schreibt er seinem Freund Wilhelm Michels[13]), und lehnt schließlich unter Vorschützung von Arbeitsüberlastung ab. Wenig Wochen zuvor, am 11. Dezember 1962, hat der Nannen-Verlag ihm das Angebot unterbreitet, Flann O'Briens Roman *The Hard Life* einzudeutschen. In diesem Fall schwankt Schmidt offenbar nicht, sondern sagt schon am 17. Dezember grundsätzlich zu; am Ende wird dennoch nichts aus dem Übersetzungsprojekt, weil Schmidt und der Nannen-Verlag sich über die Honorarfrage nicht einigen können[14] – und das, obwohl Schmidt für Nannen zuvor schon drei Romane des Amerikaners Evan Hunter und einen von dessen Landsmann Pietro di Donato übersetzt hat. Mit der Nichteinigung im Falle O'Brien endet Schmidts Zusammenarbeit mit Nannen; er schickt das ihm zur Prüfung zugegangene Exemplar von *The Hard Life* offenbar an den Verlag zurück (in seiner Nachlaßbibliothek jedenfalls ist es nicht zu finden), und fast endet damit

---

[13] Arno Schmidt, *Der Briefwechsel mit Wilhelm Michels. Mit einigen Briefen von und an Elfriede Bokelmann, Erika Michels und Alice Schmidt*, hg. v. Bernd Rauschenbach (Zürich: Haffmans 1987), S. 261 (Brief Nr. 281 v. 6.1.63).

[14] Die Informationen zu Nannens Angebot und Schmidts Reaktion darauf beruhen auf Unterlagen der Arno Schmidt Stiftung, Bargfeld; ich danke Susanne Fischer für die Mitteilung der Einzelheiten, mit denen sie meine zuvor nur auf einem Textvergleich basierende Vermutung, Schmidt habe *The Hard Life* zur Übersetzung angetragen bekommen, bestätigte.

dann auch schon die Geschichte von Schmidts Beschäftigung mit Flann O'Brien.

Hat Schmidt O'Brien schon gekannt, bevor er *The Hard Life* zur Übersetzung angeboten bekam? Es ist eher zweifelhaft. Mit der zeitgenössischen internationalen Literatur – insbesondere mit noch nicht in deutscher Übersetzung greifbaren Autoren – war Schmidt eher mäßig vertraut; englischsprachige Literatur bekam er bis in die zweite Hälfte der 50er Jahre hinein zwar regelmäßig von seiner vor dem Krieg ausgewanderten Schwester geschickt, aber diese Schwester lebte in Amerika, keineswegs in Irland, und Flann O'Brien war damals kein Autor, den man in amerikanischen Buchhandlungen hätte finden können. Auch in Irland und England begann erst um 1960 die Entdeckung dieses Autors (1960 wurde *At Swim-Two-Birds* wiederaufgelegt, und *The Hard Life* erschien 1961 als erstes Ergebnis seiner zweiten Schaffenszeit nach zwei Jahrzehnten literarischen Schweigens), zuvor hätte nur ein sehr großer Zufall eins seiner früheren Bücher Schmidt in die Hände gespielt haben können. Dafür, daß es diesen Zufall nicht gegeben hat, spricht nicht nur das völlige Fehlen O'Briens in Schmidts Nachlaßbibliothek, sondern mehr noch das Fehlen jeder erkennbaren Anspielung auf seine Texte in Schmidts Werk bis einschließlich 1962; Schmidt war nicht der Mann, der seine Lektüren verheimlichte, kaum ein Buch, das er las, bliebt ohne Folgen für sein eigenes Schaffen. Möglich wäre immerhin, daß Schmidt der Name Flann O'Brien bei seiner Beschäftigung mit James Joyce (ab Ende 1956) vor Augen geraten sein könnte; die Prüfung von Schmidts umfänglicher Joyce-Handbibliothek[15] erbringt jedoch wiederum nur

---

[15] Vgl. Friedhelm Rathjen, „Lesezeichen nach Triest. Zu den Joyceana in Arno Schmidts Bibliothek und einem adriatischen Plan", in Ralf Georg Czapla u. Gregor Seferens (Hg.), *Zettelkasten 16. Aufsätze*

eine Fehlanzeige: Richard Ellmanns Biographie *James Joyce* nimmt zwar als einziges von Schmidts Joyce-Büchern tatsächlich Bezug auf O'Brien, dies aber sehr indirekt und ohne Namensnennung.[16] Da die Erstausgabe von *The Hard Life* auf besonderen Wunsch des Autors in betont neutralem Gewand, ohne biographische Informationen und erst recht ohne jeglichen Verweis auf den Kollegen Joyce daherkam, dürfen wir voraussetzen, daß Schmidt das Buch ohne das geringste Hintergrundwissen und folglich vorurteilslos las. Er muß mehr Gefallen dran gefunden haben als manch akademischer Kritiker[17], sonst

---

und Arbeiten zum Werk Arno Schmidts. Jahrbuch der Gesellschaft der Arno-Schmidt-Leser 1997 (Frankfurt a.M. / Wiesenbach: Bangert & Metzler 1997), S. 285-301; erweiterter Nachdruck in Friedhelm Rathjen, *Der Bücherfresser. Arno Schmidt als Wiederverwerter* (Scheeßel: Edition ReJoyce 2009), S. 135-148.

16 Vgl. Richard Ellmann, *James Joyce* (New York: Oxford University Press 1959), S. 759 bezüglich eines 1949 veröffentlichten Interviews mit dem Vater von Joyce: „The authenticity of this interview, which is unsigned, has been questioned; a Dublin writer is said to claim he invented it.“ Erst in der zwei Jahrzehnte später veröffentlichten revidierten Ausgabe wird in Parenthese nachgetragen, um wen es sich handelte; vgl. Richard Ellmann, *James Joyce*, new and revised edition (New York: Oxford University Press 1982), S. 747: „a Dublin writer (Brian O'Nolan) is said to claim he invented it.“ Dieser Fall zeigt exemplarisch, daß Flann O'Brien bis mindestens 1960 eine völlig obskure Figur war, um die sich niemand scherte, schon gar nicht die Literaturwissenschaft.

17 Vgl. beispielhaft für das überwiegend kritische Urteil der Literaturwissenschaft Rüdiger Imhof, „Flann O'Brien“, in J. Kornelius, E. Otto, G. Stratmann (Hg.), *Einführung in die zeitgenössische irische Literatur* (Heidelberg: Winter 1980), S. 161-179, hier S. 175 f.: „*The Hard Life* vermag künstlerisch wenig zu überzeugen [...]. Der Roman ist nicht nur deshalb von niederem literarischen Rang, weil er auf der Welle des Erfolges, den die Neuauflage von *At Swim* O'Nolan bescherte, allem Anschein nach zu schnell ‚zusammengezimmert‘ wurde, sondern mehr noch, weil er ein thematisches und strukturelles Flickwerk darstellt aus hauptsächlich in den *Cruiskeen Lawn*-Artikeln wirksam erprobten Strategien und satirischen

hätte er den Roman nicht übersetzen wollen. Verwundern kann das nicht, ist doch der spezielle Humor O'Briens mit seiner Tendenz zu gezielten skatologischen Geschmacklosigkeiten, zu kalauernden Wortspielen und auch zu Schimpftiraden auf Staat und Kirche dem Schmidtschen durchaus verwandt.

Was also las Schmidt da? Er las eine selbst für irische Verhältnisse sehr nasse Geschichte, vorgetragen in bemüht trockenem Tonfall. Der junge Erzähler, ein gewisser Finbarr, berichtet von seinem harten Leben an der Seite seines älteren Bruders Manus im Haus eines Halbonkels, Mr. Collopy. Zum Haushalt gehört außerdem (bis zu ihrem Tode) Collopys Frau, die durchgängig Mrs. Crotty genannt wird, sowie Collopys Tochter, eine gertenschlanke junge Frau namens Miss Annie, die möglicherweise die Halbschwester von Finbarr und Manus ist – die Verwandtschaftsbeziehungen verschwimmen ein wenig. Handlungszeit sind die Jahre um 1900. Zu Beginn des Buches wird der Umzug der frisch verwaisten Brüder zu Mr. Collopy geschildert: „our continuation was Warrington Place, a rather junior continuation of lordly Herbert Place along the canal on the south side of the great city of Dublin.“[18] Diese Lage ist insofern von Bedeutung, als Annie sich im späteren Fortgang des Buches an der Wasserstraße – dem Grand Canal – herumtreiben und mutmaßlich der Gefahr einer Ansteckung mit Geschlechtskrankheiten aussetzen wird; diese Herumtreiberei wird von Manus einmal als „canal nonsense"[19] bezeichnet, wobei man als O'Brien-Leser wohl nicht falsch daran tut,

---

Angriffen gegen die Dublin Corporation, die Kirche, vor allem die Jesuiten.“

18 O'Brien, *The Hard Life*, a.a.O., S. 8.

19 Ebd., S. 147.

hier in das Wörtchen „canal" versuchsweise ein zusätzlich -r- einzusetzen.

Der Kanal enthält freilich nur eine von vielen Flüssigkeiten, die *The Hard Life* durchströmen. Mr. Collopy, der in der Angst lebt, alle Speisen könnten Speisestärke enthalten, und von dem es heißt, „He even suspected the water in the tap"[20], bringt seine Tage größtenteils damit zu, am Kamin zu sitzen, Whiskey mit möglichst wenig Wasser zu trinken und spitzfindige Streitgespräche mit einem Jesuitenpater zu führen, dem Flann O'Brien eine deutsche Herkunft andichtet, wahrscheinlich nur, um ihn auf den Namen Kurt Fahrt taufen zu können; der im Namen von Father Fahrt angelegte skatologische Kalauer ist Teil der dezidierten Strategie des Autors, ein Verbot seines Buches in Irland zu provozieren. In seinen Gesprächen mit Father Fahrt und durch manch undurchsichtiges Tun anderswo verfolgt Mr. Collopy ein wohltätiges Werk, dessen genaue Natur im ganzen Buch nie offen ausgesprochen wird, klar wird dem auch nur halbwegs aufmerksamen Leser aber, daß es darum geht, öffentliche Bedürfnisanstalten für Frauen in Dublin zu installieren; zu den Ideen, die Mr. Collopy entwickelt, gehören beispielsweise besondere Straßenbahnen für Damen, die dem alleinigen Zweck der diskreten Erleichterung dienen sollen (nach beendigtem Geschäft könnten die Frauen mit ganz normalen Trams wieder zur Einstiegsstation zurückkehren). Leider findet Mr. Collopy bei der Stadtverwaltung, die er deshalb habituell übel beschimpft, keinerlei Gehör; um sich statistisch saubere Argumente zu verschaffen, besorgt er sich schließlich „a clinical hydrometer"[21], das er reihum

[20] Ebd., S. 178.

[21] Ebd., S. 105; für begriffsstutzige Leser wird an dieser Stelle noch eigens erläutert, daß ein „hydrometer" sich aus den griechischen Vokabeln für ‚Wasser' und ‚messen' zusammensetzt.

den weiblichen Mitgliedern seines Komitees zur täglichen Selbstüberprüfung zukommen läßt. Schließlich erhält er sogar Gelegenheit, sein Ansinnen in Rom dem Heiligen Vater vorzutragen, der es freilich entrüstet von sich weist:

> Bona mulier fons gratiae. Attamen ipsae in parvularum rerum suarum occupationibus verrentur. Nos de tantulis rebus consulere on dedect.
>
> *A good woman is a fountain of grace. But it is themselves whom they should busy about their private little affairs. It is not seemly to consult us on such matters.*[22]

Kurz nach der Audienz – noch in Rom – kommt Mr. Collopy unter grotesken Umständen ums Leben; da unerklärlicherweise sofort eine starke Verwesung einsetzt, wird er an Ort und Stelle beigesetzt und erhält einen Grabstein mit der sehr passenden Inschrift: „*Here lies one whose name / is writ in water*“[23]. Testamentarisch hat er verfügt, daß aus einem Teil seines Vermögens ein „Collopy Trust“ finanziert wird:

> The Trust will erect and maintain three establishments which the testator calls rest rooms. There will be a rest room at Irishtown, at Sandymount, at Harold's Cross and at Phibsborough. Each will bear the word PEACE very prominently on the door and each will be under the patronage of a saint – Saint Patrick, Saint Jerome and Saint Ignatius.[24]

Ob es tatsächlich zur Errichtung dieser Peace- respektive Piss-Einrichtungen kommen wird, läßt der Roman am Ende offen; immerhin begibt sich der Erzähler (der, wie in noch stärkerem Maße auch sein älterer Bruder, der Vor-

---

[22] Ebd., S. 157.
[23] Ebd., S. 172.
[24] Ebd., S. 175.

liebe des Dahingeschiedenen für Alkoholika tätig nacheifert) mit den letzten Sätzen an ein entsprechendes Örtchen, wenn auch zu einem untypischen Zweck: „Then I walked quickly but did not run to the lavatory. There, everything inside me came up in a tidal surge of vomit."[25]

Neben dem Wohltätigkeitsprojekt Mr. Collopys und dem seinen Einsatz dafür befeuernden Whiskey gibt es in *The Hard Life* noch etliche weitere Varianten des Flüssigkeits- und Wasserthemas bis hin zu kleinsten Textdetails, etwa dem Bejammern von „this vale of tears"[26], der beiläufigen Erwähnung von „bed-wetting"[27] oder der Bezugnahme auf „Another who had walked on water"[28]; nicht ganz auszuschließen scheint, daß sogar das von Annie habituell benutzte Wörtchen „Seemingly"[29] unterschwellig ein ‚sea-mingly' andeuten soll, vermischen sich doch alle Wässerchen, von denen die Rede ist, früher oder später im Meer. Weitaus wichtiger aber für den Verlauf der Handlung ist ein anderes, höchst seltsames Wasser. Eines Tages holt sich Mr. Collopy im irisch strömenden Regen eine Erkältung, aus der sich eine Arthritis entwickelt, die ihm schwer zu schaffen macht. Der Ich-Erzähler schreibt dies seinem Bruder nach London (Manus, der es bei Mr. Collopy nicht lange ausgehalten hat, betreibt dort ein florierendes Lehr- und Beratungsinstitut für praktisch alle erdenklichen Lebenslagen) und erhält schließlich ein Mittel, das er dem Leidenden fortan verabreicht:

THE GRAVID WATER
The miraculous specific for the

---

[25] Ebd., S. 179.
[26] Ebd., S. 32.
[27] Ebd., S. 132.
[28] Ebd., S. 23.
[29] Ebd., S. 10, 11, 13, 122 und öfter.

complete cure within one
month of the abominable
scourage known as Rheumatoid
Arthritis.
Dose – one t-spoonful three
times daily after meals.
Prepared at
LONDON ACADEMY LABORATORIES[30]

Das Mittel wirkt Wunder[31]; Mr. Collopy geht es rasch spürbar besser – doch es tritt auch eine Nebenwirkung ein. Nach sechs Wochen bricht der Genesende mit seinem Bett zusammen, und als Finbarr ihn auf eine Waage hievt, „the needle showed his weight to be 406 pounds!“[32] Das „gravid water“ führt zu einer rasanten Gewichtszunahme ohne sichtbare Veränderung der Statur. Tatsächlich verursacht dies am Ende Mr. Collopys vorzeitigem Tod, als unter seiner Last die Galerie eines Konzertsaals nachgibt und er durch splitterndes Holz hindurch in die Tiefe gerissen wird – ein Tod, den Finbarr gar mit der Kreuzigung Petri vergleicht: „There was timber concerned in both cases.“[33] Holz aber spielt in *The Hard Life* höchstens eine unwesentliche Nebenrolle, es geht – wie gezeigt – vornehmlich um Wasser und andere Flüssigkeiten.

Das alles also hat sich Arno Schmidt Mitte Dezember 1962 bei Prüfung des ihm zur Übersetzung angebotenen Buches zu Gemüte führen können (wobei offen bleibt, wie genau er gelesen und ob er die Lektüre überhaupt bis zu Ende geführt hat); nicht lange danach, im Januar 1963,

---

30 Ebd., S. 125 f.

31 Zu Wunderwirkungen in O'Briens Roman vgl. Mary Power, „The Figure of the Magician in *The Third Policeman* and *The Hard Life*“, in *The Canadian Journal of Irish Studies* VIII/1 (1982), S. 55-63.

32 O'Brien, *The Hard Life*, a.a.O. S. 132.

33 Ebd., S. 169.

schreibt Schmidt dann eine Erzählung mit dem in diesem Zusammenhang höchst verdächtigen Titel „Die Wasserstraße“. Gegenstand der Erzählung ist eine Wanderung des Erzählers Franz und dreier Begleiter – seines Freundes Felix, dessen Frau Ruth und deren Tochter Helene, genannt Hel – von „der Mündung des Schmalen Wassers; auf 10 Grad, 20 Minuten, 50 Sekunden östlicher Länge; dagegen 52 Grad, 42 Minuten, 30 Sekunden nördlicher Breite“[34] bis zur Quelle dieses kleinen (in der Nähe von Schmidts Wohnort Bargfeld real existierenden) Baches. Die Besonderheit der Wanderung besteht darin, daß die beiden Frauen im Bach spazieren, während die Männer sich an flankierende Waldwege halten; regelmäßig (etwa auf Brücken) treffen sich die vier. Es herrscht trockenes Sommerwetter, vom Äquivalent irischer Regenfluten also keine Spur – dennoch ist das durchwatete Wasser nicht die einzige Flüssigkeit, die in Schmidts Text eine Rolle spielt. Namentlich Felix hängt sehr an Hochprozentigem, dies freilich sehr zum Verdruß seiner Gattin, die ihn zu Beginn der Erzählung deshalb einer Leibesvisitation unterzieht:

> Und tasteten uns doch tatsächlich ab, die TAMPAX= Typen! Ja, ‹klopften›, mit sinistrer Dexterität. / – / –: ! Schon zog Frau Ruth ihm das Fläschchen. Hob rüstig das Lid der Gesäßtasche – / Und Hel befingerte indessen mich, mit nornischem Freimut. Ging tiefer. (Aber das hatt’ich mir, aufgrund von Felix’ neuesten Andeutungen, längst gedacht: woll’n doch ma sehn, was hier siegt; Mannesmuth gegen Weibestükke!). Aber sie entdeckte bereits *meinen* Labetrunk.[35]

---

[34] Arno Schmidt, „Die Wasserstraße“, in Bargfelder Ausgabe, Bd. I/3. Zürich: Haffmans 1987, S. 423-454, hier S. 426.
[35] Ebd., S. 429 f.

Freilich hat Franz derlei wohl vorausgesehen und vorgesorgt; in seinem Fernrohr ist ein Schnapsreservoir versteckt, an dem sich die beiden wandernden Herren regelmäßig laben.

In Schmidts Text schwimmen – wie häufig im Werk dieses Autors – englischsprachige Textsplitter mit: einzelne Wendungen und Begriffe, die zumeist auf literarische Quellen zurückgeführt werden können. Wer nun glaubt, angesichts der kurz vor Niederschrift des Textes von Schmidt vollzogenen Lektüre des O'Brien-Romans müßten unter diesen englischsprachigen Einsprengseln wohl auch Zitate aus *The Hard Life* zu finden sein, wird leider weitestgehend enttäuscht, denn höchstens eine einzige Vokabel bietet Gelegenheit für Spekulationen über zitatistische Übernahmen. Flann O'Brien hat seinem Roman folgende Widmung vorangestellt:

I honourably present to
GRAHAM GREENE
whose own forms of gloom I admire,
this misterpiece[36]

Das Lexem ‚gloom' taucht auch im Roman selbst auf: Manus nennt seinen Londoner Kompagnon „a gloomy character"[37] und „a gloomy type"[38]. Da die betreffende Vokabel auch in Schmidts Erzählung vorkommt – „Kommt: Wir stützen Euch an dem so glummen Teich vorbey – ‹gloomy› ist'as englische Äquivalent"[39] –, liegt der Verdacht, es handele sich um ein gezieltes Zitat, sehr nahe; allerdings dürfte es sich hier in erster Linie um eine Anspielung auf Karl Mays Roman *Der Ölprinz* handeln,

---

[36] O'Brien, *The Hard Life*, a.a.O., Widmung (vor der Paginierung).
[37] Ebd., S. 112.
[38] Ebd., S. 113.
[39] Schmidt, „Die Wasserstraße", a.a.O., S. 447.

in dem ein Gewässer unter der markanten Bezeichnung „Gloomy Water" eine wichtige Rolle spielt[40]. Die mögliche Bezugnahme auf *The Hard Life* wäre hier also allenfalls sekundär. Hinzu kommt, daß die Vokabel ‚gloomy' sehr häufig in den Büchern von George Borrow zu finden ist, und Borrow ist eine der beiden Hauptquellen für die englischen Sprachsplitter in „Die Wasserstraße"; die andere Hauptquelle ist William Blake. Schon 1938 auf einer London-Reise hat Schmidt sich einen Blake-Band gekauft (und zwar, wie aus einer Passage in Schmidts Großroman *Zettel's Traum*[41] hervorgeht, ausgerechnet die von William Butler Yeats edierte Auswahlausgabe, die zu Beginn des Jahrhunderts auch James Joyce besaß[42]), der aber später (vermutlich auf der Flucht aus Schlesien) verlorengeht; im Zuge der Beschäftigung mit Joyce entwickelt Schmidt zu Beginn der 60er Jahre wieder Interesse an Blake und läßt sich zu Weihnachten 1962 die einbändige Ausgabe *Poetry and Prose of William Blake*[43]

---

40 Vgl. Rudi Schweikert, „Gloomy Water. Karl Mays *Der Ölprinz* in Arno Schmidts Erzählung *Die Wasserstraße*. Mit einer Seitenbemerkung zu Dimitrij Mereschkowskij", in Guido Erol Öztanil (Hg.), *Zettelkasten 24. Aufsätze und Arbeiten zum Werk Arno Schmidts. Jahrbuch der Gesellschaft der Arno-Schmidt-Leser 2005* (Wiesenbach: Bangert & Metzler 2005), S. 273-278.

41 Vgl. Arno Schmidt, *Zettel's Traum* (Stuttgart: Goverts Krüger Stahlberg 1970), S. 707: „1938 aus LONDON mitgebracht [...] auch 1 BLAKE, vom YEATS –: 's'ss verloren=gegangen...."

42 Vgl. Michael Patrick Gillespie, *James Joyce's Trieste Library. A Catalogue of Materials at the Harry Ransom Humanities Research Center* (Austin: The University of Texas at Austin 1986), S. 49 f. (Eintrag Nr. 57).

43 Nach dem Faksimile der Tagebuchseite Arno Schmidts von Heiligabend 1962, abgedruckt in Axel Dunker (Hg.), *Arno Schmidt (1914-1979). Katalog zu Leben und Werk* (München: edition text + kritik 1990), S. 103. – Notizen zur Blake-Lektüre macht Schmidt sich dann am 29. Dezember (Mitteilung von Susanne Fischer aus Unterlagen der Arno Schmidt Stiftung).

schenken, die er sogleich eifrig studiert; bei der Konzeption der kurz darauf verfaßten Erzählung „Die Wasserstraße" verbindet Schmidt Früchte dieser Lektüre mit Elementen aus den Büchern von George Borrow, die er kurz zuvor erworben und offenbar ebenfalls mit einiger Begeisterung gelesen hat[44]. Flann O'Brien kann mit Blake und Borrow[45] nicht mithalten und spielt bei der Arbeit an der Erzählung „Die Wasserstraße" intertextuell nur eine Nebenrolle – diese Nebenrolle immerhin gilt es festzuhalten.

Mindestens ein Aspekt der Bedeutung George Borrows für Schmidts Erzählung wird deutlich, wenn wir zusätzlich ein späteres Buch Schmidts heranziehen, den Roman *Abend mit Goldrand.* Darin gibt es eine Stelle, an der Schmidts sprachrohrhafte Hauptfigur sich „dem passioniertn ›QuellenTrinker‹ GEORGE BORROW"[46] widmet und anhand einer längeren Passage aus *Wild Wales* vorführt, wie sehr es Borrow danach drängt, walisische

---

[44] Borrows *Wild Wales* besitzt Schmidt bereits seit 1960, wenn wir dem Eintrag im Vorsatz seines Exemplars glauben dürfen; im September 1962 kauft er sich dann *Lavengro* und am 16. November des selben Jahres zwei weitere Borrow-Bände (vermutlich *The Bible in Spain* und *The Romany Rye*); anschließend vermerkt er im Tagebuch mehrmals die Lektüre von *Wild Wales* (er findet das Buch „gut!"). (Datierungen nach Unterlagen der Arno Schmidt Stiftung, für deren Mitteilung ich Susanne Fischer danke.)

[45] Zur Bedeutung Blakes und Borrows für Schmidts Erzählung vgl. ausführlich Friedhelm Rathjen, „Mit Blake und Borrow von Bargfeld nach Blickwedel. Zum Zitatismus in Arno Schmidts *Wasserstraße*", in Öztanil (Hg.), *Zettelkasten 24*, a.a.O., S. 211-271; Nachdruck in Rathjen, *Inselwärts*, a.a.O., S. 117-164, sowie wieder im vorliegenden Band.

[46] Arno Schmidt, *Abend mit Goldrand. eine MärchenPosse. 55 Bilder aus der Lä\Endlichkeit für Gönner der VerschreibKunst*, Bargfelder Ausgabe, Bd. IV/ 3 (Zürich: Haffmans 1993), S. 84.

Berge zu besteigen[47], um aus den Quellen des Severn zu trinken („I stood on the grassy hill After drinking copiously of the fountain"[48]) – ein Drang, der als sexuell unterfütterter gedeutet wird. Dazu bemerkt dann eine andere Figur:

> Ich hab' übrijns letzthin auch ne neuere Geschichte gelesn: wo Einer an einem schmalen Gewässer hinauf bis zur Quelle wandert – (2 begleitende Frauen sogar in der WasserStraße drinnen waden) – der Quellgrund ist eine Wiese, grün & straff, ein Biotop(p), undsoweiter.[49]

Es ist klar, daß damit Schmidts eigene Erzählung „Die Wasserstraße" gemeint ist, auch wenn die Details nicht ganz stimmen (es geht darin nicht „Einer" das Schmalwasser hinauf, sondern zwei Wanderer tun dies, und zudem erreichen sie am Ende gar nicht wie geplant den Quellgrund); Schmidts Erzählung wird mithin explizit verknüpft mit der erfolgreichen Quellensuche Borrows, der beim Höhepunkt seiner Wanderungen in Wales ausrufen kann: „here, and here only, is the true source. Therefore stoop down and drink, in full confidence that you are taking possession of the Holy Severn."[50] Der „QuellenTrinker" Borrow stellt nun allerdings auch einen Kontext bereit, in dem die oben zitierte Bezeichnung der Frau als „fons gratiae" beziehungsweise „a fountain of

---

47 Zum Besteigen von Bergen vgl. auch Hermann Rasche, „Im Frühtau zu Berge...", in *irland journal* XII/3 (2001), S. 22-27.

48 So zitiert bei Schmidt, *Abend mit Goldrand*, a.a.O., S. 84.

49 Ebd., S. 84.

50 George Borrow, *Wild Wales. The People, Language & Scenery* (London / New York: Dent / Dutton 1906), S. 495. – Zu Borrows Beweggründen vgl. S. 493: „It is not only necessary for me to see the sources of the rivers, but to drink of them, in order that in after times I may be able to harangue about them with a tone of confidence and authority."

grace“ in Flann O’Briens *The Hard Life* ein von ihrem Urheber (die Formulierung wird uns immerhin als Aussage des Papstes präsentiert!) gewiß nicht intendierte neue Bedeutung annimmt.

Das Wasserstraßenmotiv in Schmidts Erzählung ist hochgradig sexuell aufgeladen; Schmidt schafft einen Erzählkontext, in dem es praktisch kein Detail mehr gibt, das nicht zweideutig wäre. Geht man den intertextuellen Verweisen (vor allem auf Blake und Borrow, aber auch etwa auf Joyce) bis in die Verästelungen nach, so ergibt sich am Ende ein Cluster von Motiven um die Lautfolge -el- (angelegt offenbar als Anspielung auf den Buchstaben L als Initiale von ‚Liebe‘ oder ‚Love‘).[51] In dieses Cluster gehört durchaus auch die englische Vokabel ‚hell‘, die naturgemäß gelegentlich auch in *The Hard Life* aufscheint. Zweimal benutzt Mr. Collopy die Formulierung „go to hell“[52]; ein drittes Mal taucht sie auf, als Manus sie benutzt[53] (wofür er von Mr. Collopy scharf gemaßregelt wird); um so einschneidender ist das vierte und letzte Auftreten der Wendung in O’Briens Roman: „As a matter of fact the Pope told us all to go to hell. He threatened to silence Father Fahrt.“[54] Dem von Schmidt in „Die Wasserstraße“ ausgelegten Verweisnetz zufolge sind ‚hell‘ und ‚Quell‘ eng assoziiert; wenn der Papst jemanden „to hell“ schickt, schickt er ihn zum (in Schmidts Erzählung durchaus zweifelhaften) Freudenquell, der „fountain of grace“ – der weiblichen Sexualität und ihrem Sitz.

---

51 Wie das Netz um die Lautfolge -el- im Detail angelegt ist, kann ohne ausführliche und komplexe Erläuterungen hier nicht dargelegt werden; vgl. dazu Rathjen, „Mit Blake und Borrow von Bargfeld nach Blickwedel“, a.a.O., besonders S. 268 f. (bzw. Nachruck, S. 162 f.).

52 O’Brien, *The Hard Life*, a.a.O., S. 32, 56.

53 Ebd., S. 103.

54 Ebd., S. 152.

In Schmidts Erzählung „Die Wasserstraße“ wird dieser Sitz (als Freuden- wie Todesbringer zugleich) durch die Tochterfigur eingenommen, die eben Hel heißt; ihre Sexualität ist ungewiß, unsicher, auch unheilvoll, und damit hat sie durchaus einiges mit der nicht auszulotenden Miss Annie in *The Hard Life* gemein. Ganz offensichtlich hat Schmidt sich für seine Hel-Figur durch O'Briens Annie anregen lassen – O'Briens Erzähler Finbarr beschreibt sie uns als „a streel of a girl with long lank fair hair“[55] und später noch einmal als „a horrible, limp, lank streel of a creature“[56]; das entspricht ganz dem Bild, das Schmidts Erzähler Franz uns von Hel gibt:

> Auch Hel tat 1 Schritt (von völlig unglaubwürdiger Weite) herzu, alle ihre Teens bei sich; und ich sah wieder einmal mehr an ihren 80 Zoll hinauf: 16½, und ein Knochengespinst, das mühelos auf meine 1=83 herabschaute! ([...] ‹Gewachsen› war sie im letzten Jahr anscheinend nicht – was ja auch völlig unnötig gewesen wäre; sie würde's sowieso schwer haben: wenn man wenigstens die Andeutung eines Busens gesehen hätte! Aber nichts, garnichts, nich'die Spur jener Äppi=Cycl; was Die=dort im düsteren Bikini barg, war garantiert nichts als ein Werk der Kunst. Dafür um den Hals, auf mitteldünne Schnur gefädelt, ein Zodiakuß aus Haselnüssen: ‹Kein Schmeerbauch, der im mächtigen Armstuhl dampft, wird Dich beleidigen›; oder auch: ‹Abgeleget die Glieder, ausgezogen den Körperbau, ward ich Schatte. – Noch des Staubes 1 wenig: und ich glüh wie ein Funk empor!›; Überschrift ‹Mein Patchen›.)[57]

---

[55] Ebd., S. 4.
[56] Ebd., S. 97.
[57] Schmidt, „Die Wasserstraße“, a.a.O., S. 425 f.

Franz ist also Hels (Paten-)Onkel, womit er formal eine Rolle spielt, die derjenigen von Mr. Collopy (als Halbonkel von Manus und Finbarr) in *The Hard Life* entspricht; tatsächlich ähnelt Franzens Beziehung zu Hel aber eher Finbarrs Beziehung zu Annie: beide verspüren sie eine vage, nach Kräften verdrängte sexuelle Anziehung durch die ihnen nicht bluts-, aber nennverwandte unattraktive Frau. Am Ende von *The Hard Life* gibt Manus Finbarr einen brüderlichen Rat, den dieser entsetzt aufnimmt:

> – In my opinion, he said solemnly, half your own battle was won if you decided to settle down. Tell me this much: have you ever had a wish for Annie?
> – WHAT . . . ?[58]

Ähnlich entsetzt reagiert Franz (der der Meinung ist: „einerseits muß man ja froh sein, daß man Junggeselle ist!“[59]) in „Die Wasserstraße“ auf die unterschwelligen Versuche seines Freundes Felix, ihm Hel als Objekt sexueller Begierde schmackhaft zu machen; als die Wasserwanderer schließlich in einem Aushängekasten vom Mord an einer schwangeren Unbekannten lesen, versagt er sich endgültig jeden Körperkontakt: „Ich gab Hel's Unterarm, möglichst unauffällig, frei; ‹Mein Vater, der Schelm, der mich gessen hat›: neenee. Ohne mich.)“[60] Der „Vater“, der hier in einem kryptischen Zitat (es stammt aus dem Grimmschen Märchen „Von dem Machandelboom“) ins Spiel kommt, gibt ihm sichtlich den Rest. Und das hat seinen speziellen Grund.

---

58 O'Brien, *The Hard Life*, a.a.O., S. 179.
59 Schmidt, „Die Wasserstraße“, a.a.O., S. 425.
60 Ebd., S. 454.

Ausgerechnet mit einem Verweis auf den Vater hat Arno Schmidts Erzählung begonnen; die Eingangssätze von „Die Wasserstraße“ lauten:

> Nicht, daß ich meinen Vater nicht gekannt hätte: die Hälfte von ihm, die untere Hälfte, hab’ ich peinlich gut gekannt – sie roch mir fast immer zu stark. (Oben drüber dann ein geräucherter hoher Bariton; von der Sorte, wie ich sie folglich heute noch nicht mag); unwillkürlich mußte ich nach oben peilen, astigmatischen Adlerblix: – ? –[61]

Diese Eingangspassage erlaubt nicht nur einen tiefen Einblick in die Befindlichkeit des Erzählers, sondern offeriert uns auch einen noch deutlicheren Beleg dafür, daß Schmidt sich in seiner Erzählung in der Tat auch auf O’Briens *The Hard Life* bezieht, als die bisher angestellten, womöglich etwas spekulativ anmutenden vergleichenden Textbeobachtungen. *The Hard Life* beginnt nämlich mit folgenden Sätzen:

> It is not that I half knew my mother. I knew half of her: the lower half – her lap, legs, feet, her hands and wrists as she bent forward. Very dimly I seem to remember her voice. At the time, of course, I was very young. Then one day she did not seem to be there any more.[62]

Dies also ist die erste Quelle; Schmidt zitiert O’Brien gleich zu Beginn des eigenen Textes auf eine Weise, die an Deutlichkeit nicht zu überbieten ist. Um so markanter ist freilich der Geschlechtswechsel: aus O’Briens Mutter macht Schmidt eine Vaterfigur. Entsprechend instabil sind

---

[61] Ebd., S. 425.

[62] O’Brien, *The Hard Life*, a.a.O., S. 3. – Die Passage bei Flann O’Brien als Quelle der entsprechenden Schmidt-Stelle wurde erstmals nachgewiesen in Friedhelm Rathjen, „Wer reicht wem das Wasser?“, in *Der Haide-Anzeiger* 8 (1986), S. 12-14.

in Schmidts Erzählung dann durchgängig die Geschlechtszuordnungen. Wie Irmgard Roebling festgestellt hat, scheint Hels Körper „nur aus phallischen Merkmalen zu bestehen“[63], andererseits erkennt die selbe Interpretin in Schmidts Erzählung eine „Dekonstruktion des Väterlichen“[64]; es ist, wenn man mit Schmidts Werk der 60er Jahre vertraut ist, schwer zu übersehen, daß die Quelle, zu der die Wasserwanderung als ‚Gang zu den Müttern‘ führt, die weibliche Urogenitalsphäre ist, doch demgemäß müßten eigentlich die Männer im Fluß marschieren – das tun sie nicht, sondern es tun die Frauen. Ganz im Einklang mit dieser Verkehrung der Verhältnisse wird am Ende statt der erhofften (sichtlich weiblichen) „*Perlmuscheln*“[65] eine (unübersehbar männliche) Baumwurzel gefunden, die als „Roche“[66] bezeichnet wird und damit auf den Vater, dessen untere Hälfte zu stark „roch“, zurückverweist.[67]

---

63 Irmgard Roebling, „Totentanz ans andere Ufer. Ich-Erfahrung versus Poetologie in Arno Schmidts Erzählung *Die Wasserstraße*“, in Bärbel Götz / Ortrud Gutjahr / Irmgard Roebling (Hg.), *Verschwiegenes Ich. Vom Un-Ausdrücklichen in autobiographischen Texten* (Pfaffenweiler: Centaurus-Verlagsgesellschaft 1993), S. 147-166, hier S. 159.

64 Ebd., S. 157.

65 Schmidt, „Die Wasserstraße“, a.a.O., S. 439.

66 Ebd., S. 449. – Ein Rochen ist es, mit dessen Hilfe in Schmidts früher Erzählung „Pharos oder von der Macht der Dichtung“ eine Art Vatermord verübt wird.

67 Auf den Rochen als Ersatzfund für die Perlmuschel verwies als erste Brigitte Degener, „Arno Schmidt: Die Wasserstraße“, in *Bargfelder Bote*, Lfg. 10 / Januar 1975, S. [3]-[23], hier S. [13]. Auf den Zusammenhang zwischen dem riechendem Vater und dem Rochen machen aufmerksam: Lenz Prütting, „Postskript“ [zu Wolfgang Meurer, „Arno Schmidt: Die Wasserstraße“], in *Bargfelder Bote*, Lfg. 53 / Mai 1981, S. 14-16, hier S. 14; Kurt Jauslin, „Holbeins Bein. Traktat über das Verschwinden des Autors in den Wortwelten unter Berufung auf die Herren Arno Schmidt, Jean Paul und Laurence Sterne“, in ders. (Hg.), *Zettelkasten 7 Aufsätze und*

Mit solchen Umpolungen zwischen Männlichem und Weiblichem müssen wir in „Die Wasserstraße" durchgängig rechnen, und zwar auch beim Rückgriff auf Flann O'Brien und andere fremde Textquellen. Ruth findet unglücklicherweise Gefallen an der nicht eben leichten Baumwurzel, weswegen ihr Mann sich damit abschleppen muß (und sich fast so arg daran überhebt wie das Personal von *The Hard Life* am tonnenschweren Mr. Collopy); daß das hölzerne Männlichkeitssymbol die Todesmetaphorik des Schmidtschen Textes aufs neue anstachelt („Es wird bald Alles alle seyn!"[68]), ist nur konsequent, hatte es doch schon bei Flann O'Brien von zwei prominenten Todesfällen geheißen: „There was timber concerned in both cases."[69] (Daß der Umgang mit hartem Holz statt mit fließendem Wasser unheilvoll ist, deutet an anderer Stelle von Schmidts Erzählung die Befürchtung an, „daß Klütnpedder schon mit dem Beil mist=schief gemacht hättn"[70]; die hier kalauernd benutzte englische Vokabel konnte Schmidt im übrigen schon bei O'Brien lesen[71].)

Vielleicht ist auch der riechende Vater in „Die Wasserstraße" als solcher eine sehr direkte Frucht der O'Brien-Lektüre, denn welcher Vater könnte – zumal im Bereich seiner ‚unteren Hälfte' – strenger riechen als ein ‚father fart'? Wenn wir vermuten, daß Schmidt sich auf diese Weise des anrüchigen Namenskalauers aus *The Hard Life* bedient hat, wäre es eigentlich verwunderlich, wenn nicht

---

Arbeiten zum Werk Arno Schmidts. Jahrbuch der Gesellschaft der Arno-Schmidt-Leser 1989 (Frankfurt a.M.: Bangert & Metzler 1989), S. 166-244, hier S. 171.

68 Schmidt, „Die Wasserstraße", a.a.O., S. 445.

69 O'Brien, *The Hard Life*, a.a.O., S. 169.

70 Schmidt, „Die Wasserstraße", a.a.O., S. 446.

71 Vgl. O'Brien, *The Hard Life*, a.a.O., S. 82: „Oh now, you can always trust a Jesuit to make mischief and complicate simple things."

auch das andere skatologische Hauptmotiv des O'Brien-Romans, nämlich Mr. Collopys emsiger Kampf für öffentliche Damentoiletten, in irgendeiner Weise auf „Die Wasserstraße" durchgeschlagen hätte. Tatsächlich gibt es in der Erzählung eine ausgiebig gestaltete Pinkelszene:

> »*Mein* Vorschlag –«, Felix brach energisch die Bahn: »ich verschwinde ma.« Auch Ruth stemmte sich auf der Stelle hoch; in einer so zügigen Bewegung, daß sie kein ‹Ei tu› mehr benötigte; Hel folgte dem Beispiel der Mutter. / Ich wartete erst noch höflich, bis alle Drei in der Lärchenschonung unsichtbar geworden waren – wie schnell das doch im Wald so ging – und tat dann, am Fuß einer remarkablen Fichte, (‹es ist ein Douglas doch›?; jawohl, es war eine), desgleichen. (Aber wieder eine dieser modischen Unterhosen, mit dreifach=sittiger Schlitzsicherung! Ich trampelte vor Verzweiflung, und fluchte, gefletschten Gebrächs, auf die betreffende Firma, sie sei, wer sie auch immer sei: zu Tode sucht man sich! – endlich ...) ...: revolving many mem'ries: ob Felix wieder den rechten Fuß dabei vorgesetzt haben mochte?; er war der Einzige, bei dem ich das je erblickt hatte; (wie er denn überhaupt in vielem eigen war. Und Hel war seine Tochter.) Nahe=fern hörte ich Ruth sich durch die buschgroßen Lärchen drängeln, bereiz wieder zum Steg hinunter; (Frauen könn' ja viel schneller ping=kölln). / Aber hübsche=gesunde Bäumchen alles, beide Sorten, (die mit gelbgrünem, und solche mit dem blaugrünen Nadel=Laub – ich hatte doch unwillkürlich ein paar Schritte vor mich hin getan. Und erstarrte folglich vor dem langen, schneeweiß=bretternen Rükken, der dort aus Moos & Rasen ragte! Inmitten bärenmützigker Leibwachen von Wach=Holdern: eine kurze Kupferstange schob sich langsam aus Hel heraus. Legte sich

> untn=um; (riß dafür obm=app). Dann entstand noch ein schmächtiger aber sehr langer Thon – wie wenn Einer nachdenklich durch die Zähne feift – und ich ent=fernte mich hastigst wieder. Auch unentdeckt: entschuldicht, belauschte Lärchn: verzeih mir, überraschelte Hel! – Das Wort ‹BITUMEN› hatte ich, schon vom ersten Hören & Sehen an, nie leidn können: bloß zurükk!).[72]

Daß Schmidts Personal nicht mehr im die Frauen diskriminierenden Dublin von *The Hard Life* lebt, wird nirgendwo deutlicher als an Franzens Stoßseufzer „Frauen könn' ja viel schneller ping=kölln" – Mr. Collopy muß sich ja noch dafür einsetzen, daß Frauen überhaupt „ping=kölln" können, und kämpft dabei gegen unüberwindbare Widerstände. Hinzu kommt nun aber, daß ausgerechnet Hel, der das zwischen Sexual- und Todestrieb schwankende unterdrückte Begehren des Erzählers gilt, eben etwas anderes macht, als einfach zu pinkeln. Freilich ist man in der beschriebenen Szene auch nicht mehr im Wasser, sondern im Wald – wiederum „timber concerned" und vielfache Gelegenheit zu „mist=schief".

Arno Schmidt, das mögen diese keineswegs geruchsneutralen Ausführungen zeigen, hat, auch wenn er dem Übersetzungsauftrag formell nicht nachgekommen ist, *The Hard Life* (oder zumindest Elemente aus dem Roman) in anderer Form doch übersetzt: in Details des eigenen Textes. Ob die Unterfütterung dieses eigenen Textes womöglich noch stärker ausgefallen wäre, hätte Schmidt den Übersetzungsauftrag angenommen und notgedrungen O'Briens Roman noch sehr viel genauer gelesen, muß der Spekulation überlassen bleiben.

---

[72] Schmidt, „Die Wasserstraße", a.a.O., S. 442 f.

Als dann 1966 – in Flann O'Briens Todesjahr – doch eine deutsche Übersetzung des Romans erschien, *Das harte Leben*, stammte sie nicht von Schmidt, sondern von Annemarie und Heinrich Böll. Die Böllsche Übersetzung des ersten Satzes – „Es stimmt nicht, daß ich meine Mutter nur halb kannte“[73] – ignoriert die Steilvorlage, die Schmidt mit seiner Fassung in „Die Wasserstraße“ gibt, ganz und gar; es ist offensichtlich, daß die Bölls Schmidts Erzählung nicht gekannt haben.

Im Kontext des Werkes von Arno Schmidt von kuriosem Belang ist etwas anderes. In der Böll-Übersetzung wird das „Gravid Water“ recht frei übersetzt, nämlich als „Das Schwere Wasser“[74]; das ist eigentlich eine sehr verharmlosende Eindeutschung (die schlüpfrigen Untertöne fallen unter den Tisch, dafür gerät eine Anspielung auf Atomtechnologien in den Text, die darin allein aus handlungshistorischen Gründen nichts zu suchen hat), die freilich – ob bewußt angelegt oder völlig zufällig – den Bogen schlägt zu Arno Schmidts früherem Roman *Das steinerne Herz*, den Heinrich Böll bei seinem Erscheinen 1956 begeistert gelobt hatte[75] (was ihm bei Schmidt Freundlichkeiten im persönlichen Umgang, aber keineswegs eine Hochschätzung als Schriftsteller einbrachte). In *Das steinerne Herz* wird der Erzähler einmal von seinem Gastgeber aufgefordert: „Hier: nimm n Schluck schweres Wasser, Wallder!“[76] Was das heißen soll, verdeutlicht der nächste Satz: „*Also Dochan Dorroch:* Trinken im Stehen

---

[73] Flann O'Brien, *Das harte Leben*, üb. v. Annemarie Böll u. Heinrich Böll (Frankfurt a.M.: Suhrkamp 1979), S. 7.

[74] Ebd., S. 117 und öfter.

[75] Vgl. Heinrich Böll, „Das weiche Herz des Arno Schmidt“, in *Texte und Zeichen* 3/1 (1957), S. 85-87.

[76] Arno Schmidt, *Das steinerne Herz. Historischer Roman aus dem Jahre 1954*, in Bargfelder Ausgabe, Bd. I/2 (Zürich: Haffmans 1986), S. 99.

(keltisch natürlich: »Prost Karl!: Zum Wohl, Freu'n Hübner.« [...]).“[77] Anlaß für den kleinen ‚keltischen‘ Sprachbrocken im Text ist das Los Karls im Weltkrieg: „*Kriegsgefangener in Irland* war er gewesen, und konnte ‹Scheiße› auf Keltisch sagen.“[78] Sollte das in die Böllsche O'Brien-Übersetzung eingebaute ‚Schwere Wasser‘ tatsächlich eine Anspielung auf *Das steinerne Herz* sein, so wäre sie also ausgezeichnet gezielt, knüpfte sie sich doch ausgerechnet an eine Stelle, an der ‚keltisch‘ gesprochen wird. Freilich weiß, wer wirklich etwas von der Materie versteht, natürlich, daß ‚Keltisch‘ keine Sprache ist, sondern allenfalls eine Sprachfamilie, die aus mehreren sehr gut unterscheidbaren Sprachen besteht. Schmidt verstand offensichtlich wenig oder gar nichts davon, als er *Das steinerne Herz* schrieb, auch Zugang zu Literatur, aus der er sich korrekt hätte bedienen können, hatte er nicht, also bediente er sich in dem, was er hatte – die Formulierung „Dochan Dorroch“ fand er (freilich in der leicht abweichenden Schreibung „doch-an-dorroch“) vermutlich in einem der Romane des von ihm vielgelesenen Walter Scott, wo sie häufiger auftaucht. Es ist also eine schottische, keineswegs eine irische Variante; und das ist nicht der einzige irlandbezügliche Fehler Schmidts, der seinen niedersächsischen Kriegsteilnehmer am Shannon in einem Kaff namens „Pallaskenny“[79] interniert, wo ihm doch jede gute Karte hätte sagen können, daß der Ort korrekt Pallaskenry heißt. Beim Shannon also vertat Schmidt sich ebenso wie beim irischen Trinken, von irischen Wassern hatte er ganz offensichtlich keine Ahnung, hatte wirklich keinen „erkennbaren Bezug zum irischen Milieu, zu den spezifischen Problemen des Landes, zum

---

77 Ebd., S. 99.
78 Ebd., S. 17.
79 Ebd., S. 38.

Spannungsfeld von Tradition und Moderne, zur irischen Landschaft“[80] – Arno Schmidt, soll das heißen, war halt kein Hermann Rasche.

[80] Hermann Rasche, „Statt eines Vorwortes“, in *Eiswasser* III (1996), S. 7 f., hier S. 8.

Nachweise

„Mit Blake und Borrow von Bargfeld nach Blickwedel“ wurde folgendem Band entnommen: Friedhelm Rathjen, *Inselwärts. Arno Schmidt und die Literaturen der britischen Inseln* (Scheeßel: Edition ReJoyce 2008). Geschrieben für die Jahrestagung der Gesellschaft der Arno-Schmidt-Leser 2004 in Ahlden; Erstdruck in Guido Erol Öztanil (Hg.), *Zettelkasten 24. Aufsätze und Arbeiten zum Werk Arno Schmidts. Jahrbuch der Gesellschaft der Arno-Schmidt-Leser 2005* (Wiesenbach: Bangert & Metzler 2005).

„Gelassenes Wasser“ wurde folgendem Band entnommen: Friedhelm Rathjen, *Bargfeld Transfer. Studien zu Arno Schmidt als Übersetzer und Transformator* (Scheeßel: Edition ReJoyce 2010). Geschrieben für Hermann Rasche; Erstdruck in Gisela Holfter und Hans-Walter Schmidt-Hannisa (Hg.), *German-Irish Encounters / Deutsch-irische Begegnungen. Hermann Rasche zum 65. Geburtstag* (Trier: WVT Wissenschaftlicher Verlag Trier 2007).